超級暢銷好書
HD習慣領域入門書

你被壓力壓扁了嗎？

習慣領域助你排憂解難

習慣領域學說創始人
游伯龍◎著

CONTENTs

 目錄

你被壓力

壓贏了

推薦序　排憂解難的好觀念　曾國雄

　　游伯龍教授於一九七〇年代，即發表一系列理論嚴謹、具創新性與學術性之傑出論文，特別在「多目標決策」（Multiple Criteria Decision Making）、「競局新論」（Second Game Theory）、「微分競局」（Differential Games）等方面，以其理論與應用發展之傑出貢獻而聞名於世，成為知名教授，並於一九七七年獲得美國堪薩斯大學商學院「史可賓傑出講座」（C.A. Scupin Distinguished Chair Professor）之榮譽。之後他結合腦神經科學、系統學、管理科學等知識而創造出「習慣領域」（Habitual Domains）學說，這是一新興的學門。自一九八〇年代以後，游教授便開始思考如何將這研究的理論以淺顯易懂之方式表達，並與實務相結合。

　　在本書中，游教授透過通俗性與趣味性之寫作技巧，以通俗易讀的方式來表達兼具科學性、系統性的艱深學術理論，使所有讀者皆能恍然大悟，並打破過去習慣領域的束縛，以便能充分發揮個人無限的天賦潛能，進而打開智慧、擴展習慣領域、增加能力集合，使讀者感覺更充實、更具成就感，並能有效率地處理或解決個人所要做的事，如此不僅可提高自己的工作效率與造福自己，亦可造福全人類。

本書即爲使讀者達到此境界所精心設計的好書之一，是以「你被壓力壓扁了嗎？」爲主題、以「習慣領域助你排憂解難」爲副題，告訴諸位：「每一個人必須擁有好觀念與好習慣」，有了「好的觀念與好的習慣」後，則必能很順利地達到你所希望的境界，亦自然就會「好自在、好快樂，並充滿喜悅感」。所以特此建議學生或讀者必須要讀「好的書、經典與名著」，這樣才會使你的「觀念正確」，邁向「好的觀念」、養成「好的習慣」，此一無形的推手將幫助你脫離日常生活的一切痛苦與煩惱，獲取心靈的平靜與安祥。

　　本書以許多通俗、簡單易懂並具趣味性的小故事，來說明、呈現一個有系統的「好觀念」，讓諸位可以透徹瞭解其所具之意涵，並在極短的時間內就可瞭解、培養與善用好習慣，以增強、擴展能力集合(Expanding Competence Sets)，妥善處理各種問題，以排除憂慮、解除困難並化解壓力，獲得雙贏的人際互動關係，如此則將會更覺好自在、富有充實感，光亮自己也照耀別人。

　　（本文作者爲國家講座教授、交大科技管理研究所教授、

　　　　　習慣領域學會理事長）

推薦序　見證習慣領域的妙用　　蕭進益

　　當朋友告訴我：「你是我生命中的貴人，是你改變了我的人生。」時，我總有深層的感動與溫馨；在此我要親身見證的是：恩師游伯龍博士與其習慣領域的著述智慧，是我生命中的至寶貴人。因為這段際遇因緣，轉化了我生命的內涵，讓我更懂得 — 善解、謙懷、認同、感恩、惜福、欣賞、珍愛、善用，因而創造更光亮、有力、贏贏、自在、喜悅的人生！

　　在我徬徨於對人的行為變化，尚無法融會貫通重重困惑時，是習慣領域的智慧讓我領會到它的核心原由與轉化的依歸，遇到它讓我有如遇至寶豁然開朗的悸動領悟與肯定喜悅，內心告訴自己：「我總算可以更確實自信地掌握行為的因果緣由了。」你也想要有這種悸動感覺嗎？

　　好好用心地去接納、欣賞、學習、享用習慣領域，我的經驗是「你做到了，你就擁有了它。」知識的過程與價值在於你有所警覺而探究學習，然後因知而行、藉行長智，形成主導個人行為的核心軟體，亦即強有力的電網，與其說我們喜歡一個人，較精準的說應該是喜歡他的軟體與行為。

　　書中的「小故事」和「好觀念」讓我受益無窮。它破除我往常困囚我的陰暗電網，帶領我走入正面光明、充滿活力、喜

悅的人生！

　　該書讓我體會了欣賞享用的道理，我經常背唸著：「存在的東西是懂得欣賞享用它的人的。」依此，把意念專注於珍惜使用權（享有），而不過度執著於所有權（占有）。修習習慣領域的過程，我有太多太多的獲益，感激不盡。我的作法是真心地接受、重複地背唸，因認同而熟練到熱愛，進而落實。在重複實踐而形成一種習慣後，思想行為就自然改變了；我現在真的很感激游博士與習慣領域的智慧，讓我很珍愛且懂得善待自己，深感榮幸！

　　列舉一些我經常背唸、咀嚼、體會、整合（有效塑造軟體電網的方法）的字句供大家參考：

- ●拒絕是改善的建議。
- ●問有力的問題。
- ●警覺是改變的開端。
- ●發生就是恩典，萬事幫助我成長。
- ●注意力等於事實；注意力調度。
- ●我是存在東西的信託人，它是屬於懂得欣賞享用

它的人的。

●習慣若不是你最好的僕人，就是你最壞的主人。

●欣賞即擁有，善用就富有。

●借智慧，向先賢、成功者、周遭人物學習。

●吃苦就是吃補，經歷大苦就像吃了一顆大補丸。

●讚美別人，不但滋潤了別人，也先滋潤自己。

●確實知行是達成目標的不二法門。

●你的核心軟體與能力集，就是你的生活人生；你怎麼想，你就過怎麼樣的生活。

我有幸先讀了此書，再度充電，強化我的電網。目前我是專業經理人，正真心地體會、執行書中的一句話：「領導者的最高境界是，讓人人皆可自稱為成功的領導者。」我深知只要我確實地做到這句話，我就會是比現在更成功的領導者，這種學習成長的生命感受好美！好充實、自在、豐富！

最後請記得，好書要推薦贈予家人、同事、朋友！

（本文作者為聯強國際執行副總裁

兼原組件事業群總經理）

自序　你被壓力壓扁了嗎？

壓力是萬物活動的根源。

人們因有「要生存」、「要活下去」的壓力，而努力工作、趨吉避凶；因有「傳宗接代」的壓力，而戀愛、成家、立業；因有「自我重要感」的壓力，而不喜歡別人的批評、怒罵；因有「社會讚許」的壓力，而喜歡力爭上游、受人肯定讚賞；因有「感官快樂」的壓力，而欣賞音樂、美術、舞蹈等；因有「好奇心」的壓力，而不斷的探測未知；因有「自我昇華」的壓力，而不願與世浮沉、隨波逐流。

想一想，世上成千上萬的產品或服務，哪個不是為了解除或提升人們的壓力而存在的？哪個行為或活動背後沒有壓力在驅使？

當今科技快速進步，帶動了政治、經濟、教育、社會的快速轉型和波動，也帶來了強大而多變的壓力，許多人因此常有被壓力壓扁的感覺。生活因有壓力、煩惱、罣礙、恐懼，而不能自在自如。

壓力源自我們的理想目標和現狀有不利的差距。它有雙重的作用，如一刀之兩面。當我們有能力、有信心可達到目標時，我們會積極求解，因此壓力就轉化成達到理想目標的動力

和熱情；反過來，當我們能力不足或信心不夠時，我們會退卻合理化，壓力不但無法變成動力，而且常會令人悶悶不樂。

有智慧、能力的人，可以看清壓力的來源和作用，並化解它，不但能優游、享受壓力，而且能幫別人解除壓力和痛苦，因此心無煩惱、罣礙、恐懼，而能自在地享受人生。

本書針對這問題，用小故事點出好觀念，讓我們可以在忙碌的社會中，自在地享受豐富的人生。

觀念是所有行為的先驅，也是情緒的帶動者。

好的觀念能夠讓我們更有能力解決自己及別人的困難與痛苦，我們的內心因此更能得到平安自在。不好的觀念常會使我們內心紛亂，不但罣礙難解，心靈亦難平安。

很幸運地，我們的觀念（包括想法、做法）如同電腦的軟體一般，是可以轉化與升級的。例如當有人批評我們時，直覺地，因自尊心受損，我們會認為（一個觀念）：「批評我的人是壞人！」如此我們的心便關起來，別人說什麼，我們就是聽不進去，同時我們的情緒也會低落、不安。如果我們轉化上述觀念為（新的觀念）：「批評我的人是好人，因他讓我知道如何改進，我要謝謝他。」在這新的觀念下，我們的心胸打開

了，我們的情緒會好轉、平靜而感激的受教，受益的是我們。別人的眼睛是雪亮的，也會欣賞我的平靜而感激地受教，進而建立彼此良善的友誼，我們的生活也會因此更自在。

當軟體升級到極致，甚至可以幫助我們脫離痛苦、煩惱，而獲取心靈的平靜和安祥。沒有痛苦、壓力、仇怨、憤怒、恐怖等情緒，在面對現實挑戰時就能自如自在、充滿喜悅。這不是人人所渴望與追求的理想境界嗎？

自古以來有成千上萬的經典和書本在試圖解答——如何才能擴張能力、解除困難，進而獲得自在與喜悅？每一本書如果好好去讀，都會給我們不同的啟發。但是，要花多少時間，我們才能夠有一個系統性的瞭解，讓我們感到輕鬆自在，而不煩悶痛苦？

本書用一系列簡單的小故事，來介紹一個有系統的好觀念——習慣領域（或人性軟體）。為使本書易讀、易懂，兼具趣味性，本書用漫畫方式呈現這些小故事，讓讀者能一目了然，可在短時間內吸收如何增強能力、獲得自在的好觀念。

本書一共分為八章，包括了：

（i） 神奇的習慣領域；

（ii）　讓您的生命自在發光；

（iii）　如何成為受歡迎的領導者；

（iv）　自在生活的七大信念；

（v）　排憂解難的致勝策略；

（vi）　化壓力為助力；

（vii）　贏贏的高招；

（viii）　成為人際互動的高手。

　　如果您沒有時間看完全書，儘管可以只看漫畫，讓小故事和一則則的好觀念帶來心靈一帖清涼。若您有時間的話，不妨花一點時間把全書的小故事和漫畫先看一遍，然後再回頭細細咀嚼書中的文字敘述，和故事中所涵蓋的好觀念。

　　您可以將小故事與別人分享。透過分享，所帶領出來的好觀念將更豐盛，並讓您的生命更充實。

　　當您仔細內化並實踐書中的好觀念，您會覺得習慣領域（人性軟體）與我們同在。在我們日常生活上善用習慣領域，能使我們的生命更有活力、喜悅和自在。

　　您可以將本書當做您的床頭書，在睡覺前拿出來看，它的好觀念也許就會使您會心一笑，而得到自在。如果您有困難、

煩悶、怨恨、恐怖，您不妨把書打開，尤其是第四章(自在生活的七大信念)，它會讓您重新定位自己，而使您得到自在、自如。

如果您是忙碌的上班族，很想繼續上進、提昇自己競爭力，卻沒有很多時間可以讀書，這是一本入門的好書。

如果父母親想給子女一個最好的禮物——幫助他們建立好觀念及好習慣，這是一本入門的好書。

如果您想瞭解那隨時與您在一起、爲您工作、甚至主宰您的人性軟體（或習慣領域），並要讓它繼續不斷的升級、爲您工作，使您更有能力，這是一本入門的好書。

如果您想瞭解您的生命歷程、掌控您的生命，讓它發光、發亮，這是一本入門的好書。

如果您想要成爲一個受歡迎的領導者，不論是在家、在社會或在工作上，並希望瞭解它的基本原則及方法，這是一本入門的好書。

當您碰到困難，想要突破、解決並享受處理的過程，這是一本入門的好書。

當您想要瞭解別人的行爲，化解別人及自己的壓力與痛

苦，並要瞭解如何達成它的道理，這是一本入門的好書。

當您與別人互動時，想要「您贏，別人也贏！」「您樂，別人也樂！」並要瞭解它的簡易原理及方法，這也是一本入門的好書。

如果您讀完本書，覺得有趣，想要再更進一步瞭解習慣領域，請參考《HD習慣領域》（時報出版社）、《智慧新境》（洪建全出版社）或《行為新境界》（聯經出版社）。

我非常感謝您看這本書，相信它能幫助您認識習慣領域，並且培養出受用一生的好觀念，使您的人生更自在、更充實，不但能光亮自己，也照耀了別人。

感謝

　　我要感謝漫畫家楊正全先生，由於他的才華及堅毅不拔的精神，把漫畫活生生地展現出來。這些漫畫的題材得助於張玲玲、黃崇銘和陳宜寧，我非常感謝他們。

　　我也非常感謝我在美國堪薩斯大學的執行助理——劉正山先生（政治博士學生），他不斷地與我腦力激盪，提供許多建設性的點子和協助，使這本書更易懂、活潑。當然，我也很感謝交通大學的助理——王美靜小姐，她任勞任怨的協助，使本書能順利完成。

　　曾國雄（交通大學國家講座教授及中華民國習慣領域學會理事長）和蕭進益先生（聯強國際的執行副總裁兼原組件事業群總經理），在百忙中為本書寫序，令我感激不盡。

　　我要感謝的人非常多，除了在《HD習慣領域》、《智慧新境》、《智慧乾坤袋》、《你是大贏家，習慣領域的應用》和《行為的新境界》裡面感謝的習慣領域同修之外，我要感謝所有參與習慣領域學說正面推廣的同修，只要您曾經投入習慣領域的推廣，您就是我感激的對象；限於篇幅，不能一一列舉，但我對您的感激是一樣的。

　　書中有若干引用的例子和故事，有些是由習慣領域同修提

供的，我們感謝這些提供例子的同修；但因無法查知原作者，在此僅向這些原作者致歉，也表示對他們的感謝。

我也很感謝習慣領域的點燈人鄧東濱教授和黃麟明先生、洪建全教育文化基金會董事長簡靜惠小姐、林哲生先生及李玉娟小姐、時報出版社主編周翠如小姐、編輯鄧純芳小姐。我更要感謝我的內人——周照子，在後面默默幫助、鼓勵和建議，她對本書的完成有很大的幫助。在此我一併謝謝。

最後，我要感激您，因您讀這本書使我們結了善緣。讀這本書對您是有益無害的。如果您有心得的話，請您與我分享，好嗎？

第一章　神奇的習慣領域

　　我們每個人都有無限的潛能，這話怎麼說呢？因為正常的人有大約一千億個腦細胞。假如每個細胞的大小有如細沙，那麼一千億顆細沙，就連一部大卡車也裝不下。

　　這麼龐大的腦細胞如何運作呢？舉個例子：在一九八○年代初有所謂的個人電腦，它是用八個位元來做的，假如每個位元相當於一個銅板，八個位元的運作就好像擲八個銅板一樣，依其正、反面的各種現象，再給予一個相關的意義，就可以做電腦處理。一般來說，電腦如果有六十四個位元，就可做成超級電腦。可是我們卻有一千億個比位元還複雜的腦細胞，這就像是擁有一千億位元的電腦，可見威力有多大！

　　為什麼每一個人都有這麼大的潛力，但成就卻有千差萬別呢？根據腦科學家的研究，我們的腦一般只有百分之十的腦細胞在認真工作，其他的百分之九十都好像在一旁休息、睡覺。假使你能激發自己的潛能，縱使只增加百分之一的腦細胞為你工作，這增加出來的十億個腦細胞將為你創造幾乎無窮大的能力，使你成為超人。

　　為什麼我們有這麼多的腦細胞，卻只有百分之十在為我們工作呢？因為我們在從小學習的過程中，就學會了一些程序、

方法與思考模式，而這些模式慢慢成了我們的習慣：習慣一面幫忙我們解決問題，一面也阻擋我們學習新的事物。

馬戲團的大象

我們都知道，大象是非常龐大的動物，但馬戲團的人只用條繩子把牠栓在小小的柱子上，大象就乖乖地待在那裡，為什麼呢？

因為馴象師都知道怎樣訓練大象，當小象出生時，他們就用鐵鍊將牠綁在鋼筋水泥的柱子上，小象掙扎了幾個月後，只要看到繩子（鐵鍊）和柱子，便自認為跑不開，而認命的待在那裡。那麼，我們的腦海裡又有多少像鋼筋水泥柱子或鐵鍊那樣的東西，把我們栓住呢？由於制式習慣的束縛，使得我們不需要用那麼大的威力去為自己工作，慢慢就任由那一大群腦細胞在一旁休息，以致潛力沒有發揮出來。

小象一天天
長大……

哪怕長到很大，也不敢掙脫鐵鍊，
即使老鼠來了，想逃也逃不掉！

好觀念 1-1

認識自己的習慣領域，將能幫助我們瞭解自己的想法與做法，它們
是受了什麼無形的「鐵鍊」所束縛或驅使。警覺是智慧的開端，認
識習慣領域是讓我們獲取更廣大、更美好、更自由自在的想法和做
法的開始。

我來考考你們。
現在開始比賽，
誰的馬慢到終點，
誰就贏。

① 什麼是習慣領域？

我們的行為、想法是會改變的，但不管怎麼變動，久而久之還是會停滯在一個範圍內。那個範圍便叫「習慣領域」（Habitual Domain），簡稱HD，「習慣領域」就好像「龜殼隨龜」一樣地跟著我們。然而，習慣領域畢竟不同於龜殼，因為它看不見、摸不著，也聽不到；它是無形的，但卻隨時隨地在影響我們的行為與想法。以下舉個例子來說明。

 **小 故 事 1-2**

老董事長的賽馬

有一位將退休的董事長，要從兩名候選人中挑一位接班人。由於他們兩個人都會騎馬、董事長便帶他們到牧場去，並且每人各配了一匹同樣好的馬，要他們繞場跑一圈，誰的馬較晚到達終點，誰就是下一任董事長。這種「比慢」的賽法，已經超出了一般的習慣領域，因此兩人剛開始時都不知所措。後來，其中一位跳出了習慣的束縛，騎上另一個人的馬，快馬加鞭往前衝去，把自己的馬留在後面，等到另一個人明白是怎麼回事時，已經太晚了。

其中有一人跳上
另一個人的馬。

喂！你不騎自己的馬，
跳上我的馬幹什麼？

我就是因為能夠突破習慣領域，
才當上董事長的。

好觀念 1-2

每一個人隨時隨地都帶著自己的習慣領域，所以當一件事情發生在
自己的習慣領域之外時，就常會不知所措。除非能突破習慣領域，
否則便無法做出有效的決定。因此，要創新、要有競爭力，就須突
破現有的習慣領域。

❷ 領域的形成和影響

　　由前面的例子，我們可以知道，習慣領域對我們的影響非常大。那麼，它為什麼會穩定下來呢？

　　當我們學得越多，新到的事物對我們而言，成為「新事物」的機會就相對地越來越少。如果第一天到一家新公司，一定很新鮮，能學很多。第二個月之後，看到的新事物就減少了，第三個月之後，能看到的新事物就又更少了。

　　此外，外在的大環境雖然會像春、夏、秋、冬那樣變化，但變化（如溫度）會在某一範圍之內，所以外在訊息的刺激，也會局限在某一範圍內。

　　上述原因加起來，除非發生重大事務，否則我們的習慣領域就會慢慢的穩定在某一範圍內。

　　等習慣領域形成穩定後，它便直接影響了我們的判斷、認知和情緒。

利用十元美金，
看看每個人的反應。

阿靈斯基的試驗

　　一九六〇年代美國有位極出色的社會運動者—阿靈斯基，他畢生為爭取黑人與窮人的福利不遺餘力。為了訓練他的接班人，有一次他帶領了四、五位孔武有力的學徒，到洛杉磯的鬧區去。他做了一項簡單的實驗，就是每看到一個人就給他一張十元美鈔，說：「拿去吧！」就只這麼一個簡單的動作，路人便有不同的反應。第一個人回答道：「我身上沒有零錢。」第二個人則說：「我身上沒有錢。」或許他以為這群人是想向他搶錢吧！第三個人說：「我不是那種女人！」而第四個人說：「我沒有那麼便宜。」接著，第五位說：「這是哪門子的惡作劇？你再不走我就要叫警察了。」

我身上沒錢

對不起，我沒零錢

我不是那種女人。

我沒有那麼便宜！

快走！不然我叫警察！

　　就是這麼一個簡單的動作，只因為每個人帶著不同的習慣領域，他的感覺、認知就完全不同，當然，這也就影響每個人的判斷與行為。

好觀念 1-3

天下沒有兩個人的習慣領域是完全一樣的，因此對同一件事物的看法常會不一樣，習慣領域廣大的人，可以看到不同的反應；僵化的人，則常固執己見。亞洲四小龍：台灣、韓國、香港和新加坡，有什麼共通性？它們都曾做過強國的殖民地。不是說做殖民地是光榮

的；而是當殖民地須吸收不同文化，因此習慣領域打開了，競爭力也就增強了。

打開豐盛習慣領域其實是豐富人生、獲取喜悅自在的不二法門。

③ 左右人生苦樂的電網

　　既然研究習慣領域有這麼大的功效，我們應該如何研究它呢？當我們在想一件事時，就會有一群腦細胞出現快速明暗的變化。在三度空間裡，它們的變化是網狀而快速的，我們稱它為「電網」（Circuit Patterns），也就是一想到什麼事物，就會有一個電網與之相對應。習慣領域是我們所有念頭與思路的綜合。若我們將大腦比喻成超級電腦，那麼正如電腦需要軟體才能操作，習慣領域便是操作我們大腦的人性軟體，它是我們所有念頭與思路的綜合，也是我們所有電網的綜合。

　　當我們高興，是因為高興的電網或高興的念頭與思路，占有我們的注意力；若我們沮喪、缺乏信心，是因為沮喪、缺乏信心的電網或思路占有我們的注意力。

　　電網如同電腦程式，是可以控制的，如果您瞭解並善用習慣領域，您就可以轉化電網，讓好的觀念占有你的注意力，讓你能從沮喪中解脫出來，因掙開惶恐而得到自在！

每個人都會有習慣領域，而且它對我們的影響是不知不覺的。它是

人生苦樂無常，
苦由電網生。

樂隨電網轉。

你的想法和作法的主宰。倘使你不注意，那麼它會不經你的同意就直接做了決定，甚至你已經變成它的奴隸而不自知！然而，當你知道有習慣領域存在時，你就會注意到它，就可以做它的主人，讓它繼續地擴展、升級、改善，努力為你工作，幫助你發揮更大的潛能，並創造人生的價值。

第二章　讓您的生命自在發光

　　我們每個人都是無價之寶,但這無價之寶的生命是有期限的。根據一項電腦模擬研究,一個正常人在生活、事業都很平順的情況下,最長可以活到一百四十歲;但也有研究指出,假如人沒有特別知識、沒有組織,在大自然裡恐怕只能活到二十幾歲,就會被野獸吃掉,這是大自然的限制。如果我們已是二十幾歲的人,實在應該慶幸自己超出了這個限制。

　　既然人的生命有限,他的無價之寶也有限期。與其說他是無價之寶的擁有人,不如說他是無價之寶的使用者。如何在使用期間開發與管理你的「無價之寶」,使你在使用期間感到生命的豐潤與充實,是本章所要討論的主題。

 小 故 事 2-1

掃興的賀客

　　所有生物一出生,就注定要生病、衰老、死亡,你能接受嗎?若不能接受,你如何能享受從出生到死亡這段寶貴的生命時光?

　　某甲生子滿月，當天賀客盈門。有一賀客讚美嬰兒：「眼大、肌淨、耳大、鼻正，將來必定聰明，大富大貴。」主人聞言大樂。

　　然此時有另一名賀客忽然說：「眼大、耳大、鼻正，不一定大富大貴。你說這話實在沒有科學根據。我的話才是必然會發生的。此子若有幸活到三、四十歲，其間必定生過病。四十歲一過，身體就會逐漸衰老！」

　　此話一出，全場嘩然。主人更是大大不悅。

好 觀 念 2-1

生、老、病、死本來就是大自然的定律，若能了解這個定律，就更能接受自己和別人。問題在於，我們了解定律之後，能不能運用光明心態，好好享受每個階段的人生，並使它更加豐富多采。

這片土地是我的？

這美麗的大地、星辰、月亮是誰的？是屬於那些有時間和能力去欣賞和感激它們的人的。

大富翁在寂靜的夜裡，站在自己的土地上，仰望星月，俯看山水。他想：「這片美麗的土地真的是我的嗎？」好像是，又好像不是。因為他買這塊地才一年，在一年前這塊地的擁有者並不是他。但是他能一直擁有這塊地嗎？好像也不行，因為等他死後，這塊地終將歸屬他人名下，再也不是他的東西。

大富翁忍不住說：「原來與永恆的天地相比，生命有限的我，只能做這片土地短期的信託人，而非永久的擁有人啊！」

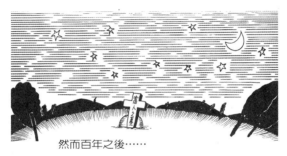

然而百年之後……

這些身外之物我通通
帶不走啊！

好觀念 2-2

日月星辰是誰的？是屬於有時間去欣賞和感激它的人的。你的爸媽、小孩、好朋友，甚至你的身體不是你的，除非你有時間去欣賞、感激他們。

① 生命的歷程

　　生命的時光最寶貴，你知道你的寶貴時間是如何浪費掉的嗎？你如何做有效的生命管理？

　　不管你有沒有工作，時間不斷地流逝，你也在不斷地接近生命的終期。如何善用我們的生命？首先我們要了解生命的週期性。

　　任何事物都有一定週期。從啓蒙、起飛或發展、成熟，而衰老，回歸大自然，如表2-1所示。又如表2－2所示（見下頁），生命的活力從零開始，十八、九歲時達到顛峰。然後慢慢衰老；傳宗接代的欲望、公司的成長等，都有這樣一個類似的週期。

　　生歷管理的主要課題，是教我們如何重生。如表2-3（見下頁），假定我們只做工作A，從零開始、起飛；於t1（如表2-3）進入成熟。如果在這個時候，你開始學習工作B，工作B也會由開始、啓蒙，進入起飛、成熟的演化過程。

　　如果我們把工作A和B加在一起，工作的總效果會比原來只有工作A大，衰老回歸期也會延緩下來。你的工作甚至會因為有B，而有所提升。因此你就得到了效率和重生。

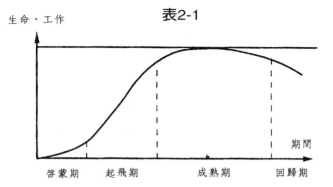

表2-1

生命、工作

期間

啓蒙期　　起飛期　　　　成熟期　　　回歸期

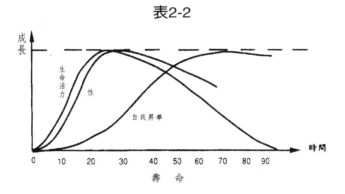

表2-2

成長

生命活力　性　　自我昇華

時間

0　10　20　30　40　50　60　70　80　90

壽命

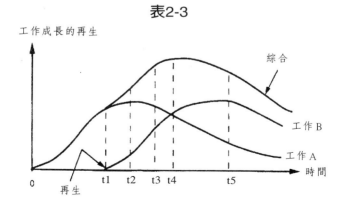

表2-3

工作成長的再生

綜合

工作B

工作A

時間

0　　　　t1　t2　t3 t4　　t5

再生

嗯，好！

對，應該要辦一場盛大的喪禮。

幫老師造一副好棺木吧！

老師要走了，怎麼辦？

 小故事 2-3

莊子將亡

莊子不要棺木，要躺在大地上，如此天空是他的屋頂，星星像蠟燭照耀著他。莊子這樣不是一死就進入「天堂」了嗎？

有一天，莊子快死的時候，他的弟子在旁邊商量要如何辦理他的喪事，大家都說要幫他辦一場盛大的喪禮，造一具上好的棺木。

莊子卻說：「你為何把我關在一個不自由的地方？我情願自由自在的躺在大地，天空是我的屋頂，星星像蠟燭般照耀著我。」

弟子說：「不行啊！這麼做，鷹狼會過來一口把你給吃了，還是放在棺木裡比較好。」

莊子說：「吃就吃吧！既然是回歸自然，又何必要從鷹狼口中把我搶過來，給蛀蟲、白蟻吃呢？」

天空是我的屋頂，星星像蠟燭般照耀著我。

吃就吃吧！既然要回歸自然，給鷹狼吃還是給蟲吃，不是一樣嗎？

像莊子這麼豁達的想法，確實少見哪！

 好 觀 念 2-3

拉高擴展自己的視野（習慣領域），了解生命的週期，俯視自己的人生，你將更有方向感，而且更能自在的面對難題。

② 打造生命藍圖

生命的藍圖

　　你的生命價值會比一幢建築物高嗎？既然我們蓋房子需要藍圖，那我們對自己的生命可以沒有規劃嗎？

　　一個人的生命價值，豈是一幢建築物可以比擬？我們寧可看到大建築物燒毀，也不願看見自己的生命報銷！但是一個好的建築物在建造時有藍圖，我們卻常常沒有對自己的生命做好藍圖規畫。

　　規劃生命藍圖的第一步是認識自己，並創造自己的理想，我們不妨問自己，在三、五、十、二十年……之內，自己要達到什麼境界？然後仔細計劃，如何達到自己所要的理想境界。

這張藍圖真漂亮，趕快找人來施工。

完成了，和藍圖幾乎一模一樣。

我們會依藍圖蓋房子，那麼人生的藍圖呢？

假設你只有一天可活

　　如果你只剩一天可活，你要不要對你所愛的人及朋友說：「我愛你」並擁抱他們？為什麼不現在就做呢？因為今天一去，我們可能就永遠失去了他們。同樣地，為什麼不現在就認真工作，完成想做的事或使命？因為，今天一去我們可能永遠沒法完成它。

　　想想一個即將被執行死刑的囚犯，若為了一天的自由，他會願意付多少代價？一個垂危的億萬富翁，為了多活一天，他將會願意支付多少錢？

　　同樣的，假設你中了一千萬或十億的獎金，但必須在一天之內花完，你將如何花這筆意外之財？這可讓你了解目前你最想要的是什麼？

一個將死的人，若能自由自在地多活一天，他或許願意放棄他所有的財富。那麼對至今仍活著的我們，要如何妥善運用此生的每一

在我死前放我一天假好嗎？拜託啦！

我不要這些財富，通通送給你，只求你讓我再多活一天！

別掙扎了，乖乖跟我來吧！

天？我要向我所愛的人和朋友說：「我愛你們！」我要擁抱他們，要不然，說不定明天一去，我就會永遠失去他們。我也要認真地完成我人生的使命，要不然明天一去，將永遠無法完成使命。

創造理想的生歷旅途不外乎是立大志、觀想成果、有效的計畫和執行。聽起來似乎太抽象、空洞、無味。讓我們將這些概念落實並具體化如下：

（一）找一清靜的環境。

（二）走進你的世界，探索你的習慣領域。

下列方法可幫助你有積極正面的想法：

1.回想小時候的美夢、目標……。（那時的美夢、目標還沒有受到習慣領域的束縛。）

2.記下三、四件過去感到得意的事，享受當時的情景、快樂的感覺。讓以前成功、得意的經驗占有你的注意力，讓你更有信心。

3.尋找當時成功的原因。（包括你的知識、技術、資訊、個性、資源、甚至運氣。）

4.探索你的個性、資源、知識……，也就是探索你的習慣領域。

（三）讓你的習慣領域為你工作。

1.假設你想要的都可以成功，不會失敗，你要達到什麼理想的人生境界？每一個目標都用一張紙片記下來。

2.若達到目標，你的感受如何？你的個性、習慣領域有何

變化？

3.每張目標紙上記下三、四個成功的人物，想像他們的個性、習慣領域，在他們碰到難題時，是如何處理和轉化的。

4.用一張紙記下你的個性、知識、財富和習慣領域。

5.複習每一張你要的目標；選出三、四個最希望達到的目標，用筆清楚地寫出來。

（四）仔細計畫。

1.研究成功的人是如何達到目標，並模仿他們。其中最重要的是研究他們的能力是如何打開的？他們如何克服障礙？如何化阻力為助力？

2.研究你需要什麼條件才能達到目標；什麼事情會阻礙你？你如何獲取所需的「能力」？如何克服可能的障礙？

3.將大目標分成許多小目標。

4.擬定並執行每天、每週、每月、每年的目標和計畫。

（五）不斷複習你的目標、計畫及成功後的心態與感觸。

使它們成為主導你行為的核心。不忘每天撥時間學習演練，以拓展、豐富你的習慣領域。

從前有一個農夫撿到一隻母雞，不久他發現這隻母雞會生金雞蛋。

 小故事 2-4

對人生最好的投資

　　金雞蛋如同快樂的人生。母雞要生蛋，需要強壯的身體，那人生要快樂和豐富，可以不需要強壯的身體和習慣領域嗎？我們怎能因貪圖短暫之樂而殘害身心呢？

　　從前有一個農夫，在樹林裡發現一隻會生「金雞蛋」的母雞，農夫就把母雞抱回家。第一天，母雞生了一個金雞蛋，農夫拿到市場去賣，換了許多錢。本來農夫應該好好養這隻母雞，以後每天拿一個金雞蛋去賣，自然慢慢會富有起來，可是偏偏這個農夫一時貪心，認為這樣速度太慢，所以乾脆把雞給殺了，想把牠肚子裡的雞蛋全部拿走，不料母雞腹內空無一物，因雞一死，金蛋也沒了。

好 觀 念 2-5

雞需要有強壯的生命，才能生美好的雞蛋；人也必需有強壯的身體
和智慧，才能創造、欣賞、享受人生！我們不妨把強大自己的身
體、知識、技能、人際關係，當做一項項的投資。有這樣的投資，
我們的習慣領域和能力才會更廣更豐富，我們才能更有效地生產，
做更大的回饋。

③ 有效的生歷管理

勾畫理想的人生藍圖

小故事 2-5

莫札特的喪禮

眞正的莫札特是什麼樣的人？

音樂神童莫札特一生潦倒，死後被埋在亂葬崗。當時大家都笑他是「浪子」、「乞丐」和「酒鬼」，但事實證明他在音樂創作上有偉大的貢獻，至今仍無人能及，可是當時無人明瞭。

好觀念 2-6

假設有一天你壽終正寢，舉行公祭，你的妻兒、親戚上台朗讀你此生所做之貢獻，你希望他們說什麼？你的朋友、公司同事上台，你又希望他們說什麼？

公祭可以算是此生的成績單吧！在這張成績單中，我們曾留下什麼

聽聽他們對我的評價是什麼。

那個莫札特真是個浪子。

可憐的窮乞丐。

他是酒鬼。

莫札特之墓

其實當時的人都說偏了,莫札特是個偉大的音樂家!

貢獻給各關係人或社會?若我們能反覆審視自己,便有可能預測出從現在到未來,我們的終極關懷和目標是什麼,亦可找出我們的理想目標和人生的方向。

創造理想生歷藍圖,讓我們的生命有方向和動力。

表 2-4

序	年齡	主要特徵	生　歷　主　要　狀　況
0	0-16	啓蒙期	身體的成長與成熟、了解環境與自我、逐漸培養獨立自主及追求自由的個性。
1	16-22	拔根期	大多數青年離開家庭父母，爭取獨立自主，積極尋找工作，力求自我支持。
2	22-29	成年期	尋求配偶，建立家庭；積極工作（成功是一個目標），建立社會關係（與組織，與他人）。
3	29-32	過度期	進展不易，憂慮較多；很多人變更工作和單位，以求新的發展（因為年齡再大，變動工作就不容易）。
4	32-39	安定期	有抱負和希望生歷成功的人，將專心致志於工作，以求有所創新，取得成就。
5	39-43	潛伏的中年危機期	大部分人的工作變動性開始迅速下降，他們意識到年輕時期的抱負很多沒有完成，但希望獲得生歷進展和改變方向的機會已經不多了（最後一個階段）。
6	43-50	成熟期	當生歷的重大問題已經獲得解決時，就往往滿足於現狀和要求穩定下來。抱負雖然還有，但比中年人要低。有些現實會事與願違。在組織內部的關係上、在現有水準上，還能獲得發展和加深。
7	50-	昇華期	了解天命難違、培養自我昇華的人生觀，以克服病、老、死亡、繼承及永生等問題。

小練習 2-3

　　假如我們把一個人的生命歷史用時間來分段，會是什麼樣子？每段時間的重點、需要和壓力是否一樣？

　　建築物可用分層、分間來設計，一個事件亦可由相關的人、地、時、事、物來分析。由此可見，一個人的生命歷史或許也可經由時間分段，或和有關目標的分類來規劃。前面表2-4，是一般生歷的階段表。表中的年齡只是一般傾向，個人的情況可能有所差異。

　　從表中，我們可以發現五年內、十年內、二十年內的各項人生目標，其實是和其身體狀態、知識及心理成熟度等特徵互相配合。

　　想一想，你現在正處於哪一個時期，生歷的主要狀況是什麼，你做到了沒有？有哪些人曾經達到你要的境界？若你模仿他們，還需要什麼樣的努力和能力？把你的目標訂得更細一些，做出每年、每季、每月、每週，甚至每日的計畫和藍圖，這樣更容易讓你達到目標。

我在學校每天打混，沒有培養良好的性向、專業知識和人際關係，所以現在才面臨畢業即失業的困擾。

唉！他們說我的專業知識不夠。

老闆說我的性向不合。

輕鬆面對人生大事

　　謀職、晉升、領導、退休是生歷管理的重大問題，我們也常受它們困擾。但如果你能掌握下列觀念，有關問題便可能迎刃而解：

畢業危機

　　你怕畢業即失業嗎？

表 2-5

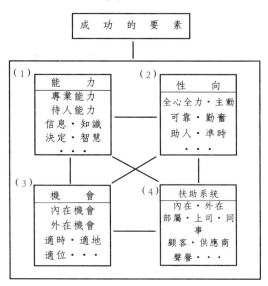

我聽過這麼一個報導：哈佛大學曾研究成功的企業家，發現企業家成功的原因，百分之八十歸功於性向（Attitude），百分之二十歸功於專業能力。

假如你在念大學，或即將大學畢業，是否會對未來感到危機與徬徨？有人說畢業即失業，也有人說分數不等於謀職的全部能力。學生在校時若沒有培養良好的性向，以及必要的人際關係及機會系統，面臨畢業是會感到恐慌的。所以學生在校期間除了好好讀書，取得專業知識外，也不要忘了培養自己成功的性向。

我認為一個人成功的要素可以分為四類，如表2-5，如果你能隨時掌握、擴展並豐富這四類要素，成功機會一定會大增。

好觀念 2-7

除了學業和專業知識，你應加強培養自己的優良性向、人際關係和機會系統。如果表2-5的四項能力都具備了，你將是許多公司追求的對象。

小故事 2-7

我曾經有一段這樣的經驗，願和大家分享。

當我在霍布金斯大學的第一年暑假，有一位教授要我白天到印刷公司做「作業研究」的工作，晚上我還要自修法文，因為學校規定要拿博士學位，必須了解兩種外國語文，這時又有一位教統計的教授希望我幫他做繁雜的統計工作。因為這位統計學教授平日對我很好，我便答應他說：「如果您有工作要我做，您就把工作放在我的信箱裡，晚上到學校，我一定把您的交待做完，才回家睡覺。」

當時還沒有計算機，我都是用算盤打，有時必須工作到凌晨三、四點，但我一定等到做完了才回家睡覺。人的眼睛是雪亮的，那位統計學教授當然知道我做多少事，因此對我印象很好，逢人便誇獎我，說他從沒教過像我這樣說話算話，認真負責的學生。後來我尚未畢業，就有一些著名的大學比如哥倫比

其實我們不管是謀職或晉升，要先問你能為公司貢獻什麼，如此就不會憤憤不平。

這點業績也敢來要獎金！

亞大學，要請我去當助理教授。我相信這位教授的功勞一定不小，因為他幫我說了不少好話，等於是幫我打免費廣告。

好觀念 2-8

比別人期待的做得還多。若你能為公司賺千萬元，公司當然樂於付你百萬薪資；如果你肯盡力幫別人解除壓力，別人一定會記得，並且回報。

小故事 2-8

全力貢獻而不計較報酬的人，和一心計較報酬卻忽略貢獻的人，哪個會比較受歡迎？哪個比較容易獲得晉升、獎勵？

美國總統甘乃迪曾說：「不要問國家能為你做什麼？問你

我也站在員工立場想一想。

站在公司立場想一想。

我努力達成老闆的要求。

哇！皆大歡喜！

公司的成功，就是大家的成功。

能為國家貢獻什麼？」

　　在你的生歷過程中，不管是謀職或晉升，也要先問你能為公司或機關貢獻什麼。你的貢獻越大，影響力就越大，入選與晉升的機會也越多！只問貢獻，不問報酬，是生歷成功的法門之一。

好觀念 2-9

對部屬、上司、同事做最大的貢獻。製造壓力時，要溫和體貼；解除壓力時，要有效可靠。

小故事 2-9

你希望上司如何對待你？你希望同事如何對待你？你希望屬下如何對待你？

考慮到你的輔助系統，不論內在或外在，對身邊所有相關人士包括上司、同事、下屬、顧客、供應商等，都能在製造壓力時溫柔體貼；解除他們的壓力痛苦時，有效可靠。如果你能做到這幾點，上司會愛護你、同事會喜歡你，屬下也會忠誠於你。如此你升級及領導的機會也將隨之而來。

好觀念 2-10

公司是所有關係人共存共榮的生命體，你若能有效可靠的解除他們的痛苦和壓力，他們肯定會喜歡你、愛護你，並讓你升遷。

剛才我們把生命歷程分成許多階段，同樣地，每個人在事業的生歷上，也有四個階段：啟蒙、發展、成熟、退休。每個人對上司和屬下的要求，依個人所站的位置及生歷階段，而有所不同。

貝兒德（Baird）和克曼（Kram）研究一般人對上司或部屬的期待和需求，我們把它整理成表2-6。由這表我們可以進

表 2-6

對上司、部屬的需要（Baird & Kram）

生歷階段	對上司的期待	對部屬的需求
啓蒙期 （立業）	・傳授、指導、訓練 ・回饋 ・模範 ・接受、保護	・技術上的扶助 ・精神上的支持
起飛期 （晉升）	・讓人知道 ・挑戰性的工作 ・贊助 ・顧問	・忠實的服從 ・忠實的執行
成熟期 （維護）	・獨立自主 ・培育人才	・當導師的機會
榮歸期 （退隱）	・顧問的角色	・顧問的角色

每種生物需要的生活環境不同，例如魚兒在水中悠游自在，人卻無法呼吸。

救命啊！我需要空氣！

可是魚一旦上了陸地，也活不了。

捨不得

這個工作交給我做就可以了！

一步了解上司或部屬在不同生歷階段中的需求，並對他們提出有效的壓力解除辦法。

各有不同，各有其所

你的工作環境與你的習慣領域（尤其是習性和能力）能共存共榮嗎？不能的話，會怎樣？

每種生物需要的環境不同。例如：魚在水中游，十分快樂，但是人卻無法在水裡生活。

　　每個人的個性和習慣領域不同，如同人和魚有不同的特性。我們的工作環境如同萬物生長的環境，當我們的工作環境適合我們的習性發展時，我們就會活潑快樂，否則便會快快不樂。

　　求職時，不要盲目追求高薪，請多考慮工作內容及跟環境是否符合自己習慣領域的發展。如果你是主管，請考量工作與部屬習慣領域的搭配。很幸運的，我們的習慣領域可以擴展並具有彈性，使我們可以樂在工作。

　　上等職務的工作環境能吻合我們的習慣領域，讓我們的潛力和習慣領域充分發揮；中等職務的工作環境與習慣領域半相合半衝突，固然不能讓我們的潛力和習慣領域充分發揮，但也不會阻礙發展；下等職務因為工作環境與我們的習慣領域相違，阻礙我們潛力及習慣領域的開發。

第三章　如何成爲受歡迎的領導者

　　市面上有成千成萬的書刊提供領導和管理的知識，您都讀完了嗎？不用擔心。如果您能領會本章小故事所引導的原則，那您就會成爲受歡迎的領導者。這些原則淺顯易懂，但常被忽略。用心體會並善用它們，您會得到意想不到的收穫！

　　善於牧羊的人，知道羊的天性，知道牠們要吃什麼，住在什麼環境，如此方能適時地滿足牠們的需求，並使牠們依著天性，長得又肥又大。

　　善於養花木的人，知道花木的天性，讓它們的需要能充分滿足，並且依天性使它們長得又美又好。

漢高祖劉邦

　　劉邦力氣不如項羽，武功也不如項羽，但爲什麼他能打垮項羽？原因是他善於領導、善於用人，因此他的團隊才能有這麼大的能力。

運籌帷幄我不如子房；鎮國家、撫百姓我不如蕭何；帶兵打仗我不如韓信。

此三者皆人傑也，吾能用之，故吾能取天下。

漢高祖劉邦談到成功的原因時曾說：「在決策上，運籌策帷帳中，決勝於千里之外，我不如子房（張良）；在行政上，鎮國家、撫百姓、給餽饟不絕糧道，我不如蕭何；在打戰上，運百萬之軍，戰必勝、攻必取，吾不如韓信。此三者，皆人傑也。吾能用之，此吾所以取天下也。項羽有一范增而不能用，此其所以為吾擒也。」

漢高祖不僅習慣領域大，又有特別的「能力」：能集合張良、蕭何、韓信的能力。如以特定方面的能力相較，劉邦也許比不上上述三人，但整合三人的「能力」後，劉邦的「能力」就比項羽或任何一個人的「能力」都大。

好觀念 3-1

發現人才、識別人才、愛護人才，充分發揮各種人才的智慧和創造，是領導者成功的必要條件。

1 領導者成功的基本原則

下列是領導者成功的基本原則：

（一）對所有關係的人做最大貢獻；有效地、適時地解除他們的壓力、滿足他們的需要；讓人人有最好的機會去培育並發揮他們的潛能。

例如，如果你是公司的領導者，對公司的關係人，包括：員工、股東、顧客、供應者、社會以及公司本身等都要有不同的貢獻，以解除他們的壓力。

對員工來說，領導者應該讓員工有參與工作的權利、能認同公司、了解公司狀況，有決定自己前途的權力。同時也讓他們了解如何計算執行成果與報償，並有上訴管道及全力投入的機會。

對股東、顧客、供應者、社會，領導者可運用自己的能力，對他們做最大的貢獻，使他們的需要獲得滿足，並因公司而感到驕傲。

對公司本身，領導者要能製造資源，包括實質及人力資源，製造公司的氣勢、培養接班人才。塑造公司的價值觀，讓員工認同這個價值觀，如此才能讓員工持續地對公司效忠。

乖寶寶聽話，
來吃奶奶。

（二）成功的領導者善於接受並解除被領導者的壓力或痛苦。你可以製造壓力，但也要能幫他們解除壓力。

如果你只給壓力，卻不能幫助他人解除壓力，你將會成為被埋怨的對象。《水滸傳》中，宋江武藝平平，但有「及時雨」的美名，能隨時為朋友排解困難，因此成為一百零八位好漢的龍頭。

 小 故 事 3-2

老虎的啓發

小老虎長大後，為什麼離開母老虎？因為母老虎再也無法有效滿足小老虎的需要和解除牠的壓力，同時母老虎因生理的催促，也要小老虎離開，以便再生下一胎。

母老虎生子之後，百般愛護小老虎，照顧牠、保護牠、餵牠吃奶。小老虎為了滿足自身需求，處處聽從母老虎的指揮。

一、兩年後，小老虎長大，母老虎再也無法滿足小老虎的

長大就不理
媽媽了！

媽咪，我要離家出
走，去找肉吃了。

需要，也無法再「領導」小老虎，母子只好分離，各奔前程。

領導者的成功在於接受並解除被領導者的壓力和痛苦。你如果能接受並排除別人的痛苦或壓力，你就可以影響他、領導他。

　　你知道你部屬的壓力和痛苦嗎？你能有效地承受和解除他們的壓力和痛苦嗎？擴展與豐富你的習慣領域，是增強此能力的主要途徑。

　　（三）領導者的最高境界是，讓人人皆可自稱為成功的領導者。

　　要看一個人是不是成功的領導者，就看他所培育出來的人才是不是有氣魄、有能力。

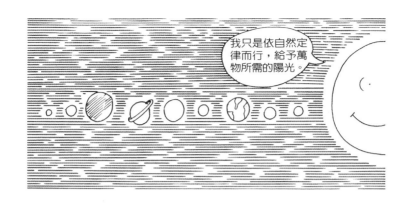

太陽的領導

　　太陽的印度文是阿彌陀（Amitah），祂是化育萬物、領導萬物的智者。祂是如何領導萬物呢？

　　太陽化育萬物，讓萬物得以成長，卻不居功。太陽不因萬物有大小之分，重要與否之別，而給予不同分量的陽光。它對眾生平等，且依「道」而行，給萬物所需的陽光。

　　領導者最高的境界，是對所有關係人皆可做最大貢獻，有效地、適時地解除他們的壓力，滿足他們的需求，並讓所有參與者有最好的機會，去培育並發揮他們的潛能。或許太陽的智慧與領導宇宙萬物的心態，可以做為我們的借鏡吧！

　　檢驗領導者的氣勢和心態，可由他所培養的接班人以及他所建立的制度來探討。鋼鐵大王卡內基的成功，在於他培養了

一群成功的領導者，使他們每個人都成為百萬富翁。拿破崙失敗的原因之一，在於他缺乏有能力的接班人。

 好觀念

如果您的部屬都是成功的領導者，您就是許多成功領導者上面的領導者，不是更成功嗎？幫助人成功，是成功領導者的最高境界。成功的領導者，幫助人人成功。

漢高祖推翻秦朝創立漢朝，改變原有制度，是革命式領導。

 小故事 3-4

革命式與穩定式的領導

　　每個組織皆有變動、穩定的循環，有人適於變動期的領導，有人適於穩定期的領導，你比較適合哪一期的領導呢？

　　漢高祖推翻秦朝、重建制度，是革命式的領導，他把原有體制改成他理想的體制。但是漢文帝蕭規曹隨，維持舊制，使舊制能有效率地發揮功能，這是穩定式的領導。

　　一個領導者有兩個重要的角色：一是把現有團體的習慣領域，帶到一個理想的習慣領域；另一個是使現有團體的習慣領域穩定下來，使它周轉順暢有效率。

　　當領導者全心全意致力於前項時，他是革命式的領導者；當他全心全意致力於後項時，他是穩定式的領導者。

你被壓力壓扁了嗎？

國家穩定後，漢文帝蕭規
曹隨，維持發揮舊制，是
穩定性領導。

領導者要成功，須能了解現狀和有清楚的理想，然後他才能製造壓
力、熱情、動力，有效地取得並運用資源，以達其理想。

② 受歡迎的特徵

受歡迎的領導者一般具備下列八項特徵。請問您具備幾項特徵呢？

（一）言出必行、信用顯著。

他能全力執行自己的承諾，以及人家認為他已做的承諾。一個沒有信用的領導人很難成功，因此如果一個領導者不守信用，你會為他工作嗎？

（二）勇敢果斷，不畏風險。

他能不斷接受不同的意見和挑戰，由於有勇敢冒險的精神，故能持續學習和擴張習慣領域。請問，一個畏首畏尾，不敢冒險的人，您願意跟隨他工作嗎？

（三）有理想的境界和清楚的抱負。

沒理想、抱負的人，很難成為長期的領導人。

 **小故事 3-5**

福特如何成為汽車大王？

當汽車剛開始發明製造出來時，是用手工製造的，成本高，品質又不好，只有少數富人才有能力購買，享受汽車的便利。

為什麼無法兼顧物美價廉？

　　有一個天才企業家叫福特，他有一個理想：「爲什麼我們不能製造品質好，而且價格低廉的汽車來讓大家享用？」這個崇高的理想和抱負帶動了一群人與他合作，他們發明產品零件標準化與大量生產的方法，結果眞的實現了提高汽車品質且降低售價的理想，讓社會大眾能同享汽車的好處。福特變成了汽車大王，也造福了他的團隊和整個社會。

好 觀 念 3-5

有崇高的理想是領導者受歡迎的必要條件。擁有廣大良好的習慣領域，才能擁有並實踐崇高的理想。

（四）通曉人性，仁人愛物。

　　欣賞人才、愛護人才，讓人才有機會發揮創造。能有效化解壓力爲動力，並有效地解除相關人的壓力。

有了！

他跳出習慣的窠臼，
發現產品標準化以及
大量生產的好方法

我們有一個
爛教練。

這些是我的球員。

我不幹了。你
根本不曉得我
適合打前鋒還
是後衛。

我也不幹了。
你完全沒有理
想嘛！

你一點信用也沒
有，只能自己玩

 小故事 3-6

好教練的條件

缺乏成功領導者特徵的人，可以成為優秀的籃球教
練嗎？

一個好的領導者就像籃球球隊的教練，他要先了解自己球
隊中每一位成員所占的位置及特徵。例如，中鋒善於搶籃板，

前鋒善於抄球，後衛控球，阻止敵隊進攻。

接著，他要為全隊定出一個理想或抱負。例如，爭取全國第一。了解隊員之後，要能靈活運用，使組織運作更順暢，也要有言出必行的信用，勇於接受風險挑戰，以及要有恆心毅力，全力以赴地訓練，接受挑戰。

好 觀 念 3-6

一個教練若不能欣賞人才、愛護人才，讓人才有機會發揮、創造，很難成為成功的教練。同樣的，不能通曉人性、仁人愛物的人，很難成為成功的領導者。

小 練 習 3-1

如果您是領導者，想一想您的團隊是否有以下缺點？

（1）缺乏清楚的共識和理想。

（2）缺乏理想的組織和分工。

我最有正義感

我最擅長辯論　　　一瓢飲余願足矣。

我的眾弟子們都各有長才。

（3）缺乏優越的工作標準。

（4）成員的能力低落，不能達到預期效果。

（5）沒有互相尊重、信任，不能坦誠溝通。

（6）個人目標高過團體目標。

（7）團隊外在的信譽不好。

（8）領導者無力整合成員，激發士氣。

假設一個團隊發生以上幾種現象，團體的凝聚力就很難達成了。您也將難以成為成功的領導者。

（五）智慧深廣、靈活使用。

有深廣的習慣領域及能力集合；並能靈活地取出有效的技能、知識、信息，及時排解相關人的困難和壓力。

 小故事 3-7

孔子與弟子

孔子的學生這麼出眾，孔子怎麼教導他們呢？

但是我有深廣且靈活的習慣領域，雖然我在某些方面不如我的學生，但是我的習慣領域卻比他們大得多，如此才能受到他們的尊敬。

孔子在教學上最為人稱道的是「因材施教」，他曾評論幾位著名的弟子，說：「論機辯，吾不如子貢；論英勇，吾不如子路；論安貧樂道，吾不如顏回。」

但孔子有深廣和靈活的習慣領域，雖然他在某些方面不如他的弟子，但其習慣領域卻遠遠大過他們。由於孔子可以幫他的弟子排憂解難，弟子也因此願意向他學習。而孔子所提倡的儒家學說，也因弟子們持續推廣而永垂不朽。

好的領導者本身要不斷地擴充自己的習慣領域，才能服人。如果您的習慣領域不足以了解別人，別人就難與您溝通，接受您的領導。

（六）嚴以律己、堅忍不拔。

對已定的方案，能全心全力地執行，不為困難所屈，堅忍不拔，直到成功為止。不能堅忍不拔的人，會有大成就嗎？

（七）能化解衝突、創造團隊價值。

人與人之間互相合作學習，可以產生1加1大於2的效果；

一個和尚提水喝。

好重！

嗯！

不錯

也就是說，兩個人整合之後，所創的價值大於單獨一人所創的價值總合。因此，成功的領導者可以凝聚團隊的力量，來完成一般人無法單獨完成的工作，而創造出團隊的價值。

如果兩個人能夠互相信任、尊重和溝通，他們的習慣領域就能擴大；因此珍惜不同的習慣領域和獨特的才能，是創造團隊價值的基礎。如果彼此不能互信互重，就無法圓滿溝通，可能連一個人能單獨完成的工作都做不好了。

 小故事 3-8

和尚挑水

爲什麼三個和尚沒水喝？因爲私利高過公利呀！

一個和尙挑水喝，兩個和尙扛水喝，三個和尙沒水喝。

爲什麼三個和尙挑水反而沒水喝？那是因爲個人的私利高過於公利，而使團體的凝聚力無法達成。

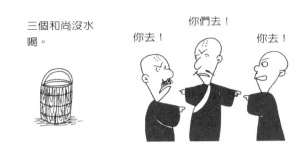

好觀念 3-8

每個團隊的成員皆有私利和公利，當私利與公利一致時，團隊就有向心力而能團結；若私利高於公利，團隊將有分裂的危機。

　　團隊討論和參與的目標是在找出共識、策略、執行方法及衡量成果的標準。公開坦誠地討論和積極參與，可讓成員互相了解每個人及團隊的期待，因此可降低團隊因誤解而產生的離心力。

　　好的領導者會讓所有受影響的人，積極坦誠地參與決策的選擇、評估決策的品質，並認同最後的決定，如此有益於決策後的全力執行。

　　討論時難免會有意見不一致的情形發生，意見不一致才會有整合，領域也才能擴大，較好的策略通常是整合多人的意見而成。

齊國派人來要地。

請問慎子您的高見？

我認為應該三個策略都用。

小故事 3-9

慎子的妙計三管齊下

齊國遠比楚國強，派人要楚襄王承諾割五百里地，三個大臣的策略都不一樣。怎麼辦呢？慎子因為改變了時間的參數，而有了妙計。

楚襄王還是太子時，曾在齊國當人質，等他想回國稱王之際，齊國卻要求他割地五百里，楚襄王口頭答應了。

等他回國以後，齊國派人來要五百里地，於是他召集大臣商量對策。子良是個守信用的人，他認為楚襄王既然答應了，就必須遵守諾言，否則日後就沒有信用和其他諸侯談契約、協定。昭常（楚國將軍）認為萬萬不可，割地之後楚國的氣勢將衰減，應寸土必爭。第三個大臣景鯉認為既然先前已答應，若反悔，齊國必定派兵攻打，現在楚國國力不強，倒不如和秦國合作，一起對抗齊國。

大王第一天派子良帶地圖到齊國，告訴他們楚國願意割地；第二天再派大將軍昭常率兵保衛疆土；第三天派景鯉去向秦國求救。如此齊國便無法藉故佔領我國土地，大王也不會失信於天下。

面對三位大臣完全不同的意見，如果處理不好，楚襄王的團隊可能因此發生衝突，甚至使國家陷於敗亡的危險之中，這該如何取捨？幸好，楚襄王有位非常有智慧的謀士慎子。他召見慎子，請他整合這三位臣子的意見。慎子說：「三個策略都用。」楚襄王不解。慎子說：「你第一天派子良帶地圖到齊國，告訴他們楚國已答應割地；第二天，派大將軍昭常率兵去保護疆土。第三天派景鯉到秦國求救兵。」

好觀念 3-9

剛開始，楚國三個大臣的意見互相有衝突，但如果用時間將這三個策略拉開，還是可以整合在一起。換句話說，不同的看法不見得不好，如能整合，就會產生很大的威力。團隊若能夠互相尊重不同的意見，並做有效的整合，就能創造出更大更好的決定。

通常團隊內部的衝突，是因為有人沒有依照期待的方法和

高處不勝寒。

努力，去獲得期待的效果。期待是主觀的，當期待沒有被充分滿足時，最初人們會吃驚，接著會感到被出賣和憤怒，這是團隊分裂的主要原因之一。

假如參與者的意見不同時，宜就事論事，不宜做人身攻擊，而且要避免意見兩極化，應該盡力找出共同點。因為事只是人的一小部分，因事而攻擊人，是一種以偏概全的偏頗行為，不過我們常犯此錯而不自覺。

在團隊裡成員能公開、坦誠討論，以及積極地參與，這是一種可以培養的習慣。領導者同時也應培養成員自愛、自尊、愛人、尊人、愛團隊的精神。

（八）能持續不斷地向部屬學習。

如果你能很誠懇、很謙虛地向部屬請教，通常下屬會唯恐沒有表現的機會，而很熱心、真誠地告訴你他們的想法。這樣一來，你不但可以打開自己的領域，還可以凝聚團隊的向心力，並創造團隊的績效。

假如領導者向部屬學習，部屬自會奉上所知。如此領導者如同一個千手千眼的觀音，具有眾人的智慧和能力。

 **小故事 3-10**

千手千眼的領導者

　　領導一群人去達成理想是項神聖的工作，你可以高居在上，恥於下問；你也可以與成員打成一片，凝聚成員的智慧，共創共享達到目標的快樂，你比較喜歡哪一個？

　　俗話說：「高處不勝寒。」當領導者無法上情下達，或下情上達時，成員看領導者一個人高高在上，缺乏認同及歸屬感，命令自然很難推動。

　　但是古語亦云：「大海納百川。」當領導者願意捨棄身段向部屬學習時，部屬自然會受寵若驚，巴不得把所知悉數奉上，而主管亦可藉由屬下的智慧，成為一個千手千眼的領導者。（若你有五百名以上的員工，合起來不就有千手千眼

了嗎？）

好觀念3-10

成功的領導者會虛心向部屬學習，並與部屬打成一片。

小練習3-2

下列問題有助於了解部屬、關心部屬，並向部屬學習。以下以公司為例，希望讀者能舉一反三。

（一）你的管理哲學是什麼？你願意與我或你的部屬分享嗎？

（二）如果你是董事長的話，你要如何經營領導公司？哪方面要加強？哪方面要放棄？（這個方法可以激發員工的思考）

（三）你最希望董事長或總經理幫你做的是什麼？（藉此了解他的需要）

（四）你希望做什麼事或達到什麼境界？你將如何計劃去達成它？（關心了解你的部屬）

（五）你認為你自己的優缺點有哪些？如何衡量你自己？（從私人、專業、公司的角度來看）

（六）你有什麼需要是目前公司尚無法讓你滿足的？（公司如何解除員工的壓力）

（七）你的工作在哪方面對公司有顯著的貢獻，能滿足公司的特別需要？（員工如何解除公司的壓力？）

（八）你現在所做的，對公司共識的理想有什麼助益？或有什麼阻礙？

（九）在哪方面你認為你可以對公司做顯著的貢獻、但沒有適當的機會？

（十）你曾經有成功或失敗的感覺嗎？你因而學到什麼？

（十一）要成為一個偉大的公司，我們應從事什麼工作？哪兩個或三個最重要？

（十二）哪幾個是你的接班人或代理人？為什麼？你要如何訓練他們？

（十三）這一年來，哪幾件事對你的人生影響最大？它們對你的專業、個人和公司的影響是什麼？

（十四）這一年來，你看到什麼可能是不良的跡象？你要如何處理？

（十五）從你的職位，你看到什麼良好的機會？公司應如何利用這個機會？

（十六）你最近看到什麼好書？聽到什麼好的演講？請和我分享它的精華，好嗎？

第四章　自在生活的七大信念

　　曾經有人告訴我一個故事，讓我很感動。他說他不知道到底什麼原因，一直很難記住自己女兒的面孔。後來經過思考，才發現自己是在中學時讀到一篇文章，文中談到愛因斯坦講過類似這樣的一句話：「如果一個訊息很容易查到，就不要浪費時間去背它、記它。」當時，他受到這句話很深的影響，甚至嚴重到他連女兒的面孔都會忘掉。

　　事實上，如果要了解一件事，一定要「熟背」，還要「整合」，讓它在我們的腦海裡變成強有力的電網，並讓它整體融入我們的生命，而不只是片面的知覺，否則就不能隨心所欲地拿來運用。

　　由前面三章，我們知道生歷管理和領導是與習慣領域息息相關的。繼續不斷地擴展、豐富我們的習慣領域，是我們生歷管理與領導成功的必經之路。本章將介紹七個簡易的信念，這些信念只要我們能接受它、常用它，它就會繼續長大，成為強有力的電網，讓我們的習慣領域能繼續不斷的擴展豐盛，不但能使我們生歷管理和領導更有效率，更能使我們獲得內心的喜悅和自在。

　　這裡要強調的是「習慣」不等於「習慣領域」。習慣領域

含蓋了習慣（強有力的電網，或常占有我們注意的電網）；此外，習慣領域尚包含在潛在領域裡微弱的電網。這些微弱的電網也許是解決特定問題的良方。如何善用這潛在領域微弱的電網，也是研究習慣領域的主題之一。

接著，讓我們先來看看什麼是理想的習慣領域。

① 理想的習慣領域

　　理想的習慣領域如同一座設備完善的城市。在這座城市中你可以來去自如，想要什麼東西，只要一按鈕，東西就會出現在你的面前。這個大千世界當然需要有人維護，他知道什麼時候該裝潢整修，什麼時候該粉刷清潔，什麼時候該擴建……，如此，城市才能越來越宏偉，裡面的東西也越來越豐富。

　　想一想，一部個人電腦可操作許多軟體、使用許多記憶體，而若我們將大腦比喻成超級電腦，那麼習慣領域便是當中的人性軟體。我們可用四個概念來理解習慣領域。

　　第一個概念叫做「**潛在領域**」。潛在領域是指所有可能被引發出來占有我的注意力的念頭與思路或軟體的綜合。如同所有可能占用個人電腦的軟體和記憶的綜合。

　　第二個概念我們稱為「**實際領域**」。亦即此時此刻實際占有我們注意力的念頭與思路，或是占有我們注意力的電網或軟體。如同此時此刻正在占用個人電腦的軟體或記憶體。

　　第三個概念是「**可達領域**」，一個念頭或思路占有我們的注意力，它就會延伸一些新的念頭或思路，如同個人電腦有了軟體或記憶體，就會列印報表、計算結果一樣，這些延伸出來的念頭思路的綜合，叫可達領域。

　　第四個概念叫「**可發概率**」各個念頭和思路可能占有我們注意力的機會不一樣，如同每個軟體使用個人電腦的機會不一樣。這機會的大小叫作該念頭或思路的可發概率。

　　假設你擲三個正常的銅板，因爲每個銅板皆有正反面，結果將可能出現八種不同的現象，這就類似「潛在領域」；而眞正跑出來的現象只有一個，這個就相當於「實際領域」，每一現象的「可發概率」是八分之一。

　　現在，我們便可將理想習慣領域敘述如下：

　　它的潛在領域既廣且深，能認同所有的人、事、物，就像一座設備完善的城市，又能幫助你深入觀察萬物至微的現象。它的實際領域則有靈活的機動性、化解力和無限的彈性，可以解除自己與別人的困難和壓力，就像在城市中來去自如，自由取用任何東西。

　　我們可以漸漸擴大這個城市，增加它的功能，使我們的生活更方便。但同樣地，我們也必須有警覺心，透過長期的訓練、使用，才知道城裡有什麼東西，以及如何美化、豐富它，以發揮更好的功能。

先要準備各式蔬果魚肉

參考食譜。

用我自己的創意。

理想習慣領域的最高境界

小故事 4-1

　　理想的習慣領域是什麼樣子？請以一個善於烹飪的大廚為例。

　　一個烹飪大師如果有理想的習慣領域，他便可以因時因地做出色香味俱全、營養豐富的各式菜餚，供給不同口味給顧客享用。他的潛在領域中，有三個特點：

　　（一）深、廣、完整：好像大廚會煮各地不同口味的菜餚一樣。

　　（二）自給自足：如同擁有齊全的烹調工具及材料。

　　（三）要熟練：好比熟悉各種食譜及食物特性。

　　他的實際領域則有兩個特點：

　　（一）靈活應變、富彈性：好比他的技巧菜色能滿足不同

熟練的技巧。

就能煮出色香味俱全的菜餚。

的需求。

（二）立即性，和平且有力：就像做菜時快速熟練，不慌不忙，而且營養好吃。

好觀念 4-1

有深度完整的潛在領域，又具有無限彈性的實際領域，我們就能創造不同的產品或服務，解除自己及他人的痛苦和煩惱。如此您當然過得自在，人人自然就喜歡你。

一個擁有理想習慣領域的人有什麼特性？

（一）博愛：他愛所有的人及宇宙萬物。

佛祖說：「無緣大慈，同體大悲。」我們會愛自己的朋友，愛我們豢養的寵物，為什麼不能把這份慈悲和善心，去對

我們愛自己養的寵物。

不養寵物的人很難接受。

嘿！別過來。

我們應學習把愛心擴散至宇宙萬物，如同佛祖所說:「無緣大慈，同體大悲。」

待和我們不相識的人及宇宙萬物呢？沒有博愛的習慣領域，將會因為無法認同別人，而有所局限。

（二）吸收性：他能接受、吸收所有的觀念、思想，來化解所有的壓力與苦惱。

小 故 事 4-2

有一次孔子與學生登泰山，孔子問學生：「你們知道泰山為什麼偉大嗎？」學生們答不出來，孔子便說：「因為泰山能

孔子問學生：「泰山為什麼偉大？」　　泰山的偉大不在山高，而在它能
滋養萬物。

包容萬物啊！」

　　你的習慣領域是條小溪，還是汪洋大海？就看你能接受吸
收多少新的看法和觀念了。

好觀念 4-2

謙懷接受的心能幫助你更樂於吸取更多的知識訊息，而豐富我們的
習慣領域。

（三）不偏見：他對「是非對錯」沒有偏見。

小故事 4-3

武則天的故事

　　理想的習慣領域有沒有偏見？

武則天晚年政權被兒子和親信
大臣所奪，越想越憤怒不平。

　　武則天晚年政權被自己的兒子和親信大臣推翻，她在被軟禁的宮中越想越憤怒不平，痛苦得求生不得、求死不能。於是她託人到南方請教六祖慧能。慧能大師淡淡地說：「太陽照射萬物，不因對方偉大而多照，也不因它卑微而少照。太陽對萬物不做任何評價，只是不斷給予。我們也同樣沒有權力去評論別人啊！」據說武則天聽完這段話，心境變得異常平和，不久含笑而逝。

好觀念 4-3

偏見比全然不見更為可怕。偏見蒙蔽人的心思，徒增痛苦。大自然化育萬物從不偏私，也不做價值判斷。我們要做個更有智慧的人，就要打開自己的習慣領域，盡量不要對是非對錯存有偏見。

　　（四）自由：他會脫離自我的欲望，了解及欣賞萬事萬物，並自由地思考。

太后問的問題？可從大陽得到答案

太陽沒有偏見也不妄下評論。所以我們應不斷付出，卻沒有權力評斷別人。

武則天聽完這段話，得到頓悟，沒多久含笑而逝。

你被壓力壓了嗎？

莊子拍拍翅膀，果真可以四處飛翔

有一天莊子夢見自己變成一隻蝴蝶。

小故事 4-4

莊子夢蝶，或蝶夢莊子？

　　有一天，莊子夢見自己變成一隻蝴蝶。莊子拍拍翅膀，果真可以四處飛翔，他快樂極了。過了一會兒，他從夢中醒來，發現自己仍是原來的樣子，他好奇地想：「到底是我做夢夢到蝴蝶，還是蝴蝶夢到我？」

好觀念 4-4

有自由的身心，才有飛翔的思想。上窮碧落下黃泉，莊子與蝴蝶是相對的二物；夢與醒也是相對的兩種意境。由於我們主觀的看法，會把特定的東西看做是夢或醒，如果能跳出夢與醒的對立，對事物將可有更高一層的了解。

　　莊子是一個能了解、欣賞及認同宇宙萬物的人，他所注意

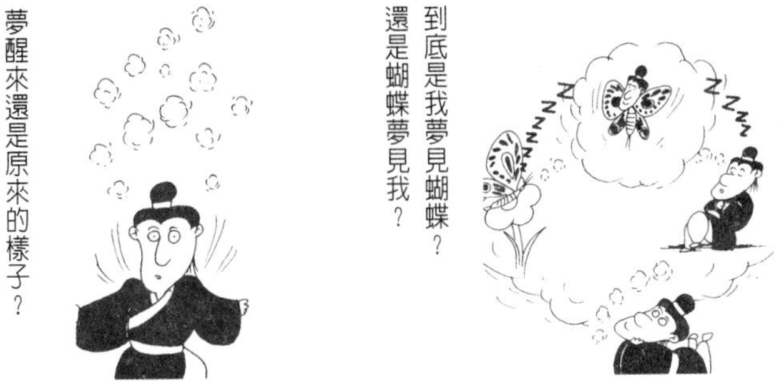

夢醒來還是原來的樣子？

到底是我夢見蝴蝶？
還是蝴蝶夢見我？

愛因斯坦：「我
要坐在光的前端
，遨遊宇宙。」

阿基米德：「給我一隻槓桿和
支點，我就能夠移動地球。」

的不只是一般人的生活空間，而是整個無窮的時空。他能把自己想像成蝴蝶般自由，也能感受魚在水中悠游的快樂。

　　除了莊子，阿基米德、愛因斯坦等等，也都是想像力豐富的聖賢先哲，假如我們能向他們學習，來豐富我們的習慣領域，便能超脫習以為常的看法。

② 七個邁向理想境界的信念

我們應該如何邁向建立理想的習慣領域？我們必須培養並保有光明的心態。「光明心態」包含七個強有力的信念（電網），如果我們接受並常用它們，它們的電網就會越來越強。當它們的電網很強時，它能隨時左右我們的行為和想法，幫助我們邁向理想的習慣領域。

信念1. 人人都是無價寶，都是佛或上帝的化身，或是獨一無二的創造。

你願意以十萬元來賣你的眼睛嗎？若不願意，百萬元如何？再不願意，千萬元如何？同樣的，你多少錢才願意賣你的鼻子、舌頭、手、腳、心臟、肝……？你知道你擁有的是一個無價的身體嗎？你是無價之寶，別人也是一樣。

小故事 4-5

你會讓百萬名駒暴飲暴食、抽煙、酗酒、吸毒嗎？

假如你有一匹百萬名駒，
你會讓牠抽煙、酗酒？

人的價值超過名駒不知多
少，但是你如何對待？

來啊！乾杯！

我們會辛勤照顧名駒的身體。

卻沒珍惜自己這
個無價寶。

好觀念 4-5

我們每個人都是無價之寶，我們的耳朵、鼻子、眼睛……辛勤地為
我們工作，我們有沒有刻意去珍惜它？

1坪=3.33（公尺）²
1（公里）²=1000,000（公尺）²=
300,000坪

你是百萬富翁

 小故事 4-6

為什麼您一生下來，就是百萬富翁？

假設台灣的土地一半屬公有，一半屬私有，土地每坪價值一萬元的話，則兩千萬的居民平均每位至少可分到兩百七十萬元的公地，這尚且不包括道路、港口、飛機場等公共設施。

從這個角度來看，台灣每個人一生下來就是百萬富翁。再想一想，你的眼睛、手等值多少錢？如果把這些價值加起來，你已赫然成為無價之寶了！

釋迦牟尼、耶穌、穆罕默德跟我們一樣，只是他們之中有人是佛、是神的兒子、是神的使者。聖經創世紀說：「神依照祂的形象造人。」所以每個人都具有神性，既然每個人都具有神性、佛性，是神、佛的化身，表示每個人都很尊貴。常有這樣的想法會讓自己更尊敬自己，也更尊敬別人，會讓自己有信心，有更大的智慧。

36，000（公里）²×300,000坪×10,000
元（每坪價值）/20,000,000（人口）
=108,000,000,000,000元（台灣土地價值）
/20,000,000人（台灣人口）
=5,400,000元

好觀念 4-6

您我都是神佛化身，您能愛惜自己、尊重自己，也尊重別人、愛惜
別人嗎？

小故事 4-7

和尚可不可以揹女人過河？

從前有一位老和尚與小和尚一起走到河邊，準備涉水過河
時，看到一位美麗的女子。那名女子正因為沒有渡河工具，而
無助地站在河邊，老和尚於是揹著這個女子過河。過了河，老
和尚放下女子，和小和尚繼續前行。走了許久，小和尚忽然
說：「出家人不應該接近女色，師父怎麼揹她過河呢？」

老和尚回答：「我剛才已經將她放下了，你怎麼還把她揹
在心上呢？」

心靈（我們的習慣領域）控制我們的思想、行為，我們若
不警覺，常會讓我們的心靈受到污染。如果我們喜歡看武俠打

你被壓力壓扁了嗎？

老和尚揹著女子過河。　　　　　　　謝謝師父。

師父，出家人不應該接
近女色，您怎麼可以揹
她過河？

我剛才已經把她放
下了，你怎麼還把
她揹在心上？

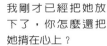

鬥，打鬥怒罵的電網就會進入我們的習慣領域，使我們偶爾也
產生怒罵的思緒和行為。如果我們喜歡看變態的愛情故事，變
態愛情的思緒偶爾就會占據我們的心靈。媒體不是常常報導有
人因為變態的想法，而為愛情自殺或殺人嗎？我們假如常看鬼
故事，鬼的電網也會占據我們的電網，所以常看鬼故事的人，
比較不敢單獨在黑暗無人的地方，不是嗎？

好觀念 4-7

七情六慾人皆有之，需要時常清掃，以免它們常占據我們的心靈、
誤導我們的習性。清除心靈污染的方法很多，例如靜坐反省或讀好

愛迪生看母雞辛苦孵蛋，引發靈感，打算發明孵蛋機。

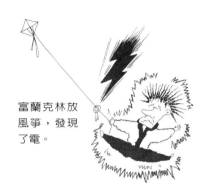

富蘭克林放風箏，發現了電。

書，都是驅除雜念污染的好辦法。

信念2. 所有的事情都有發生的原因，其中一個主要原因是幫助我成長。

這件事的意義與趣味在哪裡？

 小故事 4-8

　　愛迪生看到母雞日以繼夜地辛苦孵蛋，引發靈感，打算發明孵蛋機。富蘭克林放風箏觸電時，心想：「怎麼會這樣？為什麼？我可以學到什麼？」因而發現了電。

 好觀念 4-8

許多事物的出現只是一種現象或過程，我們常視為理所當然，極少

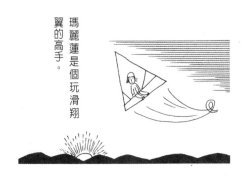

瑪麗蓮是個玩滑翔翼的高手。

啊

加以注意，殊不知被視為理所當然的現象，背後常常蘊藏極重要的意義或發現。思想家及發明家因為有無限的好奇心，而去追求事物發生的原因，才有突破性的創造和成長。

從失敗中找出靈感

小故事 4-9

　　不幸的意外發生，使美麗的瑪麗蓮變成身心障礙者，但這給她什麼樣的啟示和成長？

　　先聖先賢或許與我們一般人有距離，但接下來這個輪椅美人的故事，卻可能發生在你我身邊。

　　瑪麗蓮‧漢彌爾頓在大學時代是校花，也是玩滑翔翼的高手。有一次她玩滑翔翼時發生意外，失去雙腿，只能依靠輪椅行動。她非常沮喪，心想：「難道我就這樣過一生嗎？」她不甘心，於是改變原來悲觀的想法，從積極面著手：「這個意外

她並不因殘廢而頹喪，反而積極地想：「這事給我什麼啟示和成長？」

於是她發明了新的輪椅。

是不是對我有什麼特殊的意義？我可以從中學到什麼？」她把滑翔翼的靈活，注入笨重的輪椅中，終於發明了靈活、輕便的新式輪椅，造福無數的殘障者。

好觀念 4-9

運用這一光明心態的信念，可突破痛苦悲傷的電網；不但能使自己從自暴自棄的心態中解放出來，更可能帶來榮耀與財富。

每個人都怕死。

都嚮往愛情。

信念3. 清楚而富挑戰性的目標是生命的泉源，信心和全力知行是達到目標的不二法門。

目標和現狀的差距造成壓力；如果沒有壓力，就不會有動力。而有了信心，我們會積極求解，因此壓力會變成動力；全力知行後，才有工作效果。

小練習 4-1

● **生命、愛情與自由**

生命、愛情與自由是每個人都盼望能同時擁有的目標。但在面臨衝突、無法兼顧的情況時，每個人的選擇可能都相同嗎？你生活的動力來源是什麼？

每一個人都怕死，因為生命很可貴。每個人也都會嚮往愛情，因為愛情甜蜜、動人而美麗。同樣地，每個人也都喜歡自由，希望能自由自在地生活。但是有人會為了愛情而喝酒、生

也渴望過著自由自在的生活。

氣、傷害自己的健康；有人為了爭取自由，寧可捨棄生命；有人為了保命，寧可被監禁，失去自由；也有人為了自由，不受愛情牽絆。

　　生命、愛情與自由是每個人都盼望能同時擁有的目標，但在面臨衝突、無法兼顧的情況時，每個人的抉擇便可能有所不同。不妨想一想，在自己的人生中，什麼樣的目標最有力量？

好觀念4-10

有目標才有動力。請問您人生中那些目標在那種狀況下能引起您的衝勁？您能夠排出它們的優先次序嗎？

這麼久了怎麼還不
開？算了！

關掉它。

85℃

這樣開開關關了
好幾次。

對不起我快開了，
但是也沒瓦斯了。

小練習 4-2

● 沒信心的目標

　　如果達成你的目標像是煮沸一壺水，那麼，有什麼
因素需要考慮？

假設你的目標是煮沸一壺水，那麼有兩個因素需要考慮，一是火力，一是加熱的時間。假如只煮一下子便關掉火，如此反覆再三，也不可能把水煮沸。

好觀念 4-11

要達成目標需要熱情及持續力。目標雖已確立清楚，但是如果心猿意馬或對達成目標沒有足夠的信心，目標將很難達成。清楚、具體、可以衡量、可達到、富挑戰性的目標，最容易產生壓力。但是積極求解和退卻合理化都可以降低壓力。一旦失去信心，我們很容易用退卻合理化來減低壓力，自然也就無法達成目標。

小故事 4-10

不需全知，即可行

若面對挑戰性問題時，等全知後才執行，會有什麼結果？

好觀念 4-12

凡是挑戰性的目標、達成的過程及效果，都無法事先預料。假如我們想要等一切都準備好才去執行，恐怕永遠無法成行或探索未知的

世界。如左圖中的大和尚，一心想找出最好的時機才去西方取經，結果等小和尚取了經回來，他都還沒出發呢！

如何增加信心？增強能力？我們可以運用光明心態，回想成功的經驗，並多虛心學習，擴展我們的習慣領域。

信念4. 我是我生命世界的主人，我對一切發生的事情負責任。

小練習 4-3

小孩與大人對責任的看法有何不同？你現在對責任的看法仍是小孩階段的看法嗎？

人剛出生時無憂無慮，不知什麼是責任。年紀稍長知道什麼是責任時，卻喜歡推卸責任，一直要等到他真正長大了，才能夠擔負責任。

一個喜歡推卸責任的人，常會尋找他可以不負責任的藉口。他的自信心必然脆弱，容易受到傷害。如果我們認定自己就是自己生命的主人，願意負擔一切與自己有關的責任，我們將會積極地了解情況，並且勇敢地執行。如此一來，我們的自尊心能夠獲得滿足，我們的能力和習慣領域，也因而可以提昇擴大！

幼兒不知責任為
何物。

年紀稍長便會逃避責任。

願負責任的人，自尊心可以獲
得滿足，習慣領域也會擴大。

好觀念 4-13

如果您想做好一件事，您會找到方法；如果您不想做好一件事，您會找到藉口。成功的人找機會負責任，失敗的人找藉口推責任。

打不倒的巨人

愛迪生發明電燈，有失敗過嗎？他為什麼說沒有？

每個人都有失敗的經驗，有人失敗之後便一蹶不振，但也有人能夠從打擊中站起來，重新出發。

一蹶不振的人對生命不負責任，他們習慣怨天尤人，自悲自憐；但是一個肯對自己生命負責的人，在遇到挫折之後，會反問自己從失敗中學到什麼。就像愛迪生發明電燈，經歷了無數次失敗。或許有人會說：「已經失敗這麼多次，不會成功的啦！」但愛迪生卻認為他下一次一定會成功，因為他已累積了多次的經驗，知道幾千種不能製造電燈的方法。

您發明電燈，
已經失敗9999
次。不要再試
了，不會成功
的啦！

不，我只是找
出9999次行不
通的方法，並
沒有失敗。

當時在集中營，假如有人自覺快死了，會將麵包分給其他人。

好觀念 4-14

成功或失敗沒有絕對的定義，有光明心態的人會從光明面去看問題，對事物有積極正面的解釋，而帶動正面的情緒和效果。

信念5. 我的工作是我的使命，也是樂園。我有熱情、信心去完成它。

小故事 4-12

如何迎接任何磨難？

維克多‧法蘭克（Viktor E. Frankl）是一位猶太籍的心理學家。他在二次大戰期間和許多猶太人一樣，遭納粹囚禁在集中營。

他在《在追求意義的人》（*Man's Search For Meaning*）一書中寫道：「每一個人活在這個世間都非常獨特、有意義。不

納粹可以打我、污辱我，但他擊不倒我的意志。這便是我活在世間的意義。

過這個意義必須自己去追尋。」

　　他在集中營時，發現有些人自覺快要死了，就會將剩下的麵包送給其他人，然後告訴他們：「要活下去，把集中營的事告訴世界所有的人，讓罪惡不再發生。」

　　留下來的人若有這樣的使命感，求生意志就會特別堅強。

　　維克多說：「納粹可以毒我、打我、侮辱我的身體，但他無法毒我、打我、侮辱我身體內部的『我』。」

　　使命感是激發我們生命力的引擎，沒有它，我們的生活將缺乏動力，有了它，我們才能發揮更大的威力與潛能。

好觀念 4-15

您是否覺得人生無趣和無聊？幾乎每個人都有這樣的經驗。無趣和無聊是因為你有時間、能力，卻沒有辦法發揮所造成的。如果您能找到現在所做的事情的正面意義和價值，您就會找到生命的動力和

衝勁。

小練習 4-4

上天賦予每個人不同的使命，你的使命是什麼？

　　上天給所有世上的人一個使命。它包括傳宗接代和創造更有意義的生活。事實上，每件事不論大小都有意義。科學家的使命是發明東西、造福人類；醫生的使命是救人；而對不少的家庭主婦來說，相夫教子是她們的使命。

好觀念 4-16

假如你能將每一件事都看成有意義，工作也會產生使命感，這樣不管你遭遇到什麼事，都會用積極、光明的態度去面對。

信念6. 生命時光最寶貴，我要百分之百享用並奉獻現在到死之前的生命。

我是個家庭主婦

每天我都忙著

洗衣服。　　煮飯。　　教子。

老公，別忘了公事包！

妳真是個細心的老婆。

以上便是我的工作。看起來很平凡，其實卻有很強的使命感！

原來只是一些鋼條。

啊！

這包金條和你換五萬元。

死騙子！
死金光黨！
又慢又笨！

死金光黨！
死金光黨！

死金光黨！
死金光黨！
死金光黨！

可憐的人，何苦呢？

安息吧！！

小練習 4-5

如何解脫不愉快經驗所帶來的痛苦？

我們常常會去回想以前不愉快的事，讓這些不愉快的事占據我們的實際領域，導致煩惱、痛苦，不知如何解脫。

就像我們若曾受金光黨行騙，通常會對自己的愚蠢和貪心懊惱不已。但如果因這件事而對人失去信心、對未來感到焦慮，而浪費掉寶貴的生命時光，那就很不值得了。倒不如認真工作，把錢再賺回來；就當學到一個教訓，以後不再上當。

好觀念 4-17

時光寶貴，生命有限，何必讓痛苦、煩惱占去你太多的時間！

小故事 4-13

垂死的老寡婦

有一位六、七十歲的老寡婦，子女不在身邊，又得了癌症，醫生告訴她只能再活兩、三年，這話使得她更加害怕。幸

老奶奶，這個洋娃娃送給你，你不要害怕。

謝謝!!

寡婦被孩子純真和愛心感動，決心奉獻剩餘的生命給這些孩子。

幾年後

嗨！各位好！你們一定沒想到我還活著吧！

好她社區的牧師非常有智慧，聽到寡婦的情況後，建議她到兒童醫院做義工，散散心。

第一天，婦人無精打采地到醫院。一位病童天真地問：「你怕死嗎？」老寡婦回答：「我怕。」這時旁邊一位小朋友說：「死了可以上天堂，去見上帝，不是很好嗎？」另一個孩子說：「你不要怕，這個洋娃娃送你。」

老寡婦被孩子的純真與愛心感動了，於是決心要奉獻剩餘的生命給這些孩子們。後來，她每天到兒童醫院當義工，活得充實快樂。兩年過去了，五年也過去了……她不但活得很快樂，而且越活身體越好呢。

老寡婦的實際領域本來是停在恐懼悲傷，經過孩子們的一番話，使她發現原來世上還有許多人需要她，電網也就轉換成熱情與動力。無形中，這種打算奉獻到死的心情，延長了她的生命。

好觀念 4-18

心境（實際領域）的轉化，會幫助改變我們的情緒，讓我們化痛苦

為快樂，化沮喪為自在，而常會有意想不到的結果。

信念7. 處處心存欣賞與感激，不忘回饋奉獻和布施。

你能欣賞自己嗎？如何開始？

你覺得自己的眼睛漂亮嗎？如果不漂亮的話，你願意以一百萬元賣掉它嗎？答案當然是不願意，因為你的眼睛比最精密的照相機，更能感受外界的五光十色，是個無價之寶。同樣地，人的鼻子好比化學分析感受器；肝臟好比解毒工廠……這樣一個精密、複雜的身體，真是上天完美的傑作啊！我們實在應該仔細地來欣賞一下自己，愛自己、尊重自己，如此才能欣賞別人、尊重別人。

會欣賞自己，才會欣賞別人，別人也才會欣賞我們。

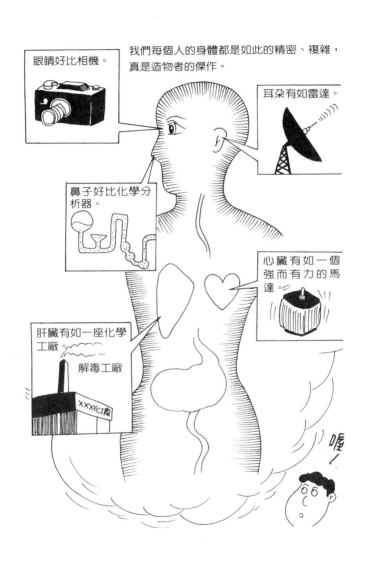

我們每個人的身體都是如此的精密、複雜，
真是造物者的傑作。

眼睛好比相機。

耳朵有如雷達。

鼻子好比化學分
析器。

心臟有如一個
強而有力的馬
達。

肝臟有如一座化學
工廠。

解毒工廠

×××化工廠

喔！

我們不妨先從餐廳的侍者先觀察起。

我們也可以從其他人身上學習。

小練習 4-6

● 找出你身邊的人的三個優點

　　欣賞別人是愛別人和尊重別人的第一步。如果我們存著光明的心態，世上將充滿美好光景，如小花、小鳥、魚、狗、貓、人……都值得我們欣賞，每一個人也都是我們學習的老師。不管我們受到別人稱讚或批評，都能認為是為了我們好，說一聲謝謝，如此我們的心才容易打開。

　　我們不妨先從餐廳侍者身上著手。觀察一下這位素不相識的人，有哪些優點。例如：面帶微笑、有禮貌、動作俐落……而這些優點說不定正是自己可以學習的部分呢！

好觀念 4-20

我們如能多去發現別人的優點，我們就能欣賞別人、向別人學習，而豐富自己。

我每天賺100元，其中10元我會布施給比我窮的人。

請問你是如何致富的？

另外10元存起來

其餘的錢則盡量花費。

 小 故 事 4-14

巴比倫富翁致富的祕訣

　　巴比倫有個大富翁，有人問他：「你成為大富翁的主要原因是什麼？」他說：「我每天賺一百元，一定省下十元再投

資，另外十元捐給比我窮困的人，其他剩下的錢則盡情享用。
布施使我更了解人性，更知道如何做有利的投資。」

好觀念 4-21

有了快樂與人分享，我們會更喜樂。有了財富與人分享，我們會更
滿足。布施不只限於財富，「知識」、「生命」若能奉獻和布施，
亦將會累積得更豐富，並且無限地延長。

第五章　排憂解難的致勝策略

　　一般人看到老虎便嚇得兩腳發軟，可是為什麼有信心的獵人卻不怕老虎，甚至連嬰兒也不怕老虎呢？

　　當我們面對問題時，我們會問：「我有沒有能力把問題處理好？」所有有關的能力、技巧、信息、知識、資源……稱為處理該問題的能力集合，簡稱「能力集」。換句話說，我們在處理任何事物時，心中都有一個無形或有形的能力集。當我們已獲得這個能力集時，我們便有信心去做事，否則就會覺得沒信心不舒服。打獵的人經過多年的學習，已經獲得能力集，所以看到老虎，會覺得這是機會，而不是危險。相對地，能力集在嬰兒的腦海裡是空的，也沒有怕老虎的概念，所以嬰兒也不怕老虎。

能力集：獵人的能力集是由學習和經驗中獲得；
嬰兒的能力集是空的，因此他沒有什麼可怕的東西。

老董事長的一生

　　老董事長年輕時，覺得自己有建築的專業及背景，一定能在建築界打開一片天地，所以他衝勁十足。如果用能力集來分析，此時他自己認為所需要的能力集，遠小於他所擁有的能力集。

　　他憑藉多年用心的學習、觀察，白手興家，由於豐富的經驗和精準的判斷，他把公司經營得有聲有色。這代表他實際擁有的能力集遠大於真正需要的能力集。

　　其間有朋友邀他合夥做旅遊業，但他認為自己只懂建築，對旅遊一竅不通，也就是他認為自己所需要的能力集遠大於他所擁有的，所以不敢輕易嘗試。

　　隨著科技日新月異，工程技術和客戶的需求也不斷翻新，但老董事長過慣了安逸的生活，不願意改變，還是以原來的方式管理，因為實際上他需要的能力集已經遠大於他擁有的，所以公司的業務逐漸走下坡。

　　老董事長漸漸地發現自己的腳步真的跟不上時代，體能方面也力不從心，亦即他實際需要的能力集遠大於他擁有的能力集，所以他決定退休，讓年輕人來接替他的事業，自己則安心、快樂地去過悠閒的退休生活。

老董事長年輕時衝勁十足。

多年後，成
為一位成功
的建築商。

他讓自己只懂建
築，對其他行業不
敢輕易嘗試。

時代變遷，客戶
需求和工程技術
也不斷翻新。

老董事長用以往的
方式經營，公司業
績逐漸下滑。

於是他決定退休，讓
年輕人接班。

自己則過著悠閒的
退休生活。

好觀念 5-1

能力集是解決問題的關鍵。能力集是一種習慣領域，會隨時間、環境而改變。透過學習，你的能力會打開、會更豐富，而能有信心處理更多的難題，心裡也就會更自在。認識能力集的分類，可以幫助自己警覺本身的習慣領域，是否有僵化和狹隘的危機。

① 能力的養成

要進一步了解能力集的應用，我們可以將能力集區分爲以下四類：

（一）眞正需要的能力集。

（二）實際擁有的能力集。

（三）自己認爲所需要的能力集

（四）自己以爲擁有的能力集。

如表5-1所示，左邊是眞正的能力集，右邊則是自己以爲的能力集。

表 5-1

真正需要的能力集與自己認為需要的能力集，中間有一段差距。這個差距可能是因為我們的無知、幻覺，或是無常。同樣地，真正和自己認為擁有的能力集，也因有無知、幻覺、無常包含在其中，而產生差距。

　　我們舉一個簡單的例子：假設孩子和媽媽一起去逛街，孩子想要玩具熊，媽媽卻覺得太貴而不肯買，這是因為他們擁有不同的能力集，感認的能力集也不一樣，所以觀察的角度自然有所差距。孩子只看到玩具熊好玩，媽媽卻考慮到價錢，以及經濟上能否負荷。

　　表5-1所述的四個能力集，與我們做決策的信心和品質有密切關係。

小故事 5-2

喜新厭舊是天性嗎？

　　媽媽剛買組合戰士給小毛時，小毛覺得玩偶好新、好漂亮，也有挑戰性，因為小毛實際所擁有的能力集，遠小於真正需要的能力集。

　　拼裝久了，再也不新鮮了，顯得和其他玩具沒什麼兩樣，這是因為小毛實際擁有的能力集，已經遠大於他所需要的能力集了。因此，當小毛看見櫥窗中擺著遙控車時，就像當初看到組合戰士一樣，覺得新鮮好玩。於是他不再喜歡組合戰士，一

哇！新的組合戰士！

ㄝ！

再分解一次！

又成功了

啊！遙控車。

組合戰士是弟弟玩的，我要玩遙控車。

心央求媽媽買遙控車給他。

從這個故事，我們可知人們很容易失去新鮮感，而有「喜新厭舊」的傾向。其主要原因是經過幾次嘗試後，自己能力集大增，主觀上容易自我膨脹「自己已有的能力」，造成自己以為所擁有的能力集遠大於實際擁有能力集的現象，同時低估實際所需的能力集，它其實已遠大於自己以為所需要的，以致產生過度的自信。換句話說，自己以為擁有的能力集，遠大於自己認為所需要的，所以容易對問題或事物粗心大意，自認為可以成功地處理任何事情。這「過分自信」及「粗心大意」，常是錯誤判斷和「陰溝翻船」的主因。不斷的發現新鮮事或創造新鮮感，將可防止「喜新厭舊」的傾向；不斷的創新學習、不過分的自信，可防止錯誤判斷或陰溝裡翻船。

好觀念 5-2

喜新厭舊是天性，因此我們要不斷擴大自己的能力集、創造新鮮事物。不能創新，習慣領域就會僵化，事業就會失去競爭力。

小故事 5-3

為什麼熟能生巧？請看拋球的圖示。

拋球接住好像滿
難？

現在比較熟練了。

閉著眼玩都沒問題。

這就是熟能生
巧吧！

134

好觀念 5-3

主觀上以為的能力集與實際上的能力集常有差距，使我們的信心、情緒，甚至決策成果受到影響。如果我們希望提高自己的決策品質，我們就需要不斷學習擴大，或豐富我們所擁有的能力集。

我們大部分的能力和技術是後來才學習的。當我們自認能力無法勝任時，我們會緊張不安，但經過幾次經驗之後，熟能生巧，處理起來便能「得心應手」。

② 看透問題，掌握先機

人生處處充滿著問題。社會有社會的問題，公司有公司的問題，家有家的問題，個人也有健康及成長的問題。俗語說：「家家有本難唸的經。」每個問題都會對我們造成有形或無形的壓力，當那個問題製造出來的壓力，對總體壓力的影響最大時，我們就會給予注意力來處理它。

由以下對問題的分類，我們可以更清楚地了解問題。

● 由能力集來分

（一）程序性問題：不但已知，而且已獲得真正需要的能力集。如打字、抄寫、接電話。

（二）混合程序性問題：由許多程序性問題混合而成。

（三）模糊性問題：真正的能力集不明確，但藏在你的潛在領域裡。如交通、環保、教育等問題。

（四）挑戰性問題：真正的能力集未知，且在潛在領域之外。如身上只有一塊錢，肚子卻很餓，怎麼解決民生問題？又如發明、藝術創作……

● 由時間限制來分

（一）緊急性問題：例如急需上廁所，電話鈴響、火災……。

（三）混合程序性問題

（一）程序性問題

（二）非緊急性問題：什麼時候處理都可以，如維持身體健康，獲得新知，聽好的演講……。

● 由後果嚴重性分

（一）重要問題：如身體健康、公司營運順暢……。

（二）非重要問題：如閒聊、看電視……。

如果一天24小時，我們都在處理重要又緊急的事，那麼生活品質勢必不好。或許有人會問：假如有一個問題是非緊急性的，卻很重要；另一個問題非常緊急，但不重要，要如何處理？

每個人對時間的迫切感覺不同，緊急問題通常會帶來壓力，但假如不那麼重要，可以先不去管它。如果我們將處理不重要的事的時間省下來，而把它放在非緊急性的重要問題，那麼緊急性的重要問題就會減少，生活品質也會越來越好。

另外，假如問題分類不明、優先次序混亂，我們就會一直忙著處理突發狀況，真正重要的事反而沒做。

好觀念 5-4

先把問題做好分類，有助於解決它們！

（三）模糊性問題

（四）挑戰性問題

緊急問題

重要但非緊
急的問題

非重要又非
緊急的問題

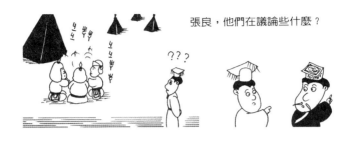

張良，他們在議論些什麼？

掌握先機

問題剛剛萌芽時，一般都比較容易處理。要是等問題大了再來解決，就會很困難。

如何知道會發生問題？這可得運用「低深原理」：把你的壓力降低，則注意力將有機會放在比較遠、比較小的事情上，就可以慢慢感受到可能有事要發生。所以運用到生活或經營上，就是要掌握先機，定時地把壓力降下來，以便在問題剛發生時，即能立刻掌握它、運用它。

張良獻計定軍心

為什麼問題剛萌芽時，比較容易解決？

劉邦平定天下後，有一天遠遠的在宮內看見將領們交頭接耳地說話。劉邦問張良：「他們在說什麼啊？」張良回答：「陛下不知道嗎？他們正在商量謀反啊！」

陛下不知道嗎？他們
正在商議謀反！

天下已定，為什
麼要謀反！

現在群臣都認為您最恨誰？
請您先冊封這個人，大家就
會對您有信心。

劉邦聽了張良
的話，舉行了
酒宴。
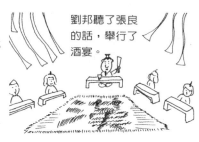

雍齒，朕封你為候。

皇帝連雍齒都封侯，我們當然
不用怕了。

　　劉邦說：「現在天下已經平定，他們為什麼還要造反？」
張良說：「陛下目前分封的是蕭何等昔日好友，所殺之人卻全
是生平所憎恨的。這些將領一方面擔心陛下不能盡封功臣；另
一方面又怕自己犯錯被殺，所以打算乾脆造反。」
　　劉邦大驚，問：「怎麼辦？」張良反問：「現在群臣都認

為您最恨的是誰？」劉邦回答：「雍齒曾多次侮辱我，真想殺了他。」張良說：「請您先封雍齒。群臣看到您能冊封最討厭的人，一定也會冊封他們，必會對您產生信心，軍心便能穩定下來。」

劉邦聞言，果真舉行酒宴，封雍齒為侯。群臣也高興地說：「連雍齒都能封侯，我們當然不必擔心啦。」

從這個故事，我們可知「問題」常是動態的，會隨時間、環境而變化。

好觀念 5-5

許多重要問題就像一棵樹，當樹苗剛出生時，容易拔除；但等它長成大樹，要解決可就困難了。如同故事中的謀反事件，多虧張良及時發現紓解，才得以平息。

小練習 5-1

● 防火工作

防火設備雖然不常用，但是沒有它們，發生火災時要怎麼辦？

　　防火設備及防火常識不是每天都用得到，然而沒有了它們，一旦發生火災，後果便不堪設想。維護身體健康也是同樣的道理，在我們沒有病痛時，很難感受到其重要性，然而一旦健康發生問題，我們就算花費很高的代價，都不一定能挽回。

　　當事物維持在理想或平衡點上，例如沒有失火、身體健康、婚姻正常……時，不會產生壓力，也不會引起我們的注意。但當有些事物遠離平衡點，例如失火、生病、婚姻出狀況……時，則會造成很大的損傷。當事物在平衡點時，很容易維持，但若不善加維持，等它離開平衡點，再要挽回便會事倍功半了。

　　根據個人的經驗，我經常發現許多公司的高階主管很忙，忙得沒時間去想更深、更遠的事，反倒像救火隊一樣，哪裡有問題，就到那裡去解決。一天要忙上十幾個小時，根本沒時間去想別的事，所以他們是救火隊而不是防火隊。事實上，一個公司應該要保留一些人、一些空間或一些能力，來做防火的工作，尤其是一個公司的董事長或總經理，每天至少要有半小時

或一小時的時間來想比較深遠的問題，以便達到能知先機和掌握先機的效果。

好觀念 5-5

解決問題的最佳時機，是在問題剛萌芽或尚未成形時。

轉移習慣領域，避免決策陷阱

想要全盤了解先機、掌握先機，我們可從問題的習慣領域來著手，而問題的習慣領域則可從「決策的要素和環境」來探索。

許多人碰到重要問題時，習慣領域（實際領域）會固定在一特定範圍，而難以全盤了解。透過決策要素及環境的轉化，我們的實際領域及可達領域也隨著轉化，因此我們可把問題看清楚一點，而避免決策的陷阱。

● 決策的要素

決策問題不論有形或無形，都含有下列幾個要素：

（一）**方案集**：有什麼方案可以解決問題？

（二）**準則集**：問題的解決是用什麼標準來衡量？因為考慮不同衡量標準會聯想到不同的解決方案。例如，你可以考慮決定後會有什麼後果，或者你希望得到什麼樣的結果，從這樣的角度，可以同時反射到方案與準則。

（三）**現象與結果**：我們的決定會產生什麼後果？後果的可預測性、嚴重性如何？

（四）**喜好的結構**：我們對可能產生的後果，喜好的優先次序是什麼？哪一個結果你最喜歡？尚可接受或不喜歡？

（五）**信息**：信息能夠影響我們的認知和判斷，它的可靠度如何？它是經由什麼管道進入我們的大腦？

讓我們舉個例子來解釋決策的要素。

 小故事 5-5

證嚴法師為什麼拒絕一位日本人想捐兩億美元建慈濟醫院的好意？

證嚴法師當初籌建醫院時，以募款方式募集基金（方案集之一）。有位日本人欽佩法師的宏願，願意捐贈兩億美金（信息）。如果有了這筆捐款將使募款目標很快達成，但是證嚴法師卻婉拒了這位日本人的鉅款。

因為證嚴法師認為，醫院是一人所捐或由百萬人所捐，其意義與影響有絕大的不同（準則集，現象和結果），前者固能很快解除募款的壓力，但卻使得大家喪失「參與感」和「擁有感」。從這個標準來衡量，百萬人合力建造醫院，遠比一人或少數人出資來建醫院好（方案，喜好結構）。

 好觀念 5-6

同樣一個問題，每個人因習慣領域不同，對有關的決策要素的看法也不同。證嚴法師因有超乎一般人的習慣領域和對問題的獨特看法，所以有超人的決策。

證嚴法師當初籌建慈濟醫院時，以募款的方式募集資金。

我是山本，很欽佩你的善行，願捐兩億美元。

對不起，我不能接受您的好意。因為醫院是由一人所捐，或百萬人所捐，意義是不同的。

蓋醫院的事希望能讓更多人參與。

決策的環境

1960年代，芝加哥的黑人區要求市政府改善環境，市府卻置之不理，阿靈斯基如何提出妙計，讓市府急於接受條件，而不需示威遊行？

1960年代，芝加哥的黑人區要求市政府改善環境，但市府置之不理。黑人們於是求教於社會運動專家阿靈斯基。阿靈斯基想到一個方法，那就是動員幾百人輪流合法的占用芝加哥機場的廁所，這麼一來將會造成旅客很大的不便。試想人們需要開半小時或一、兩小時的車才到機場，此時「水壓」一定很大，要找洗手間。同時，坐飛機的人在機上感到「壓力」也會忍耐一下，等到了機場才解除。如果洗手間被占用很久，小孩子忍不住，也許就在牆角先解除；再隔一段時間，大人忍不住，也要找地方解除壓力。不久之後，整個機場便會臭氣衝天。這是媒體最想報導的一種新聞，芝加哥的臭氣將透過媒體

時間一久……

傳到世界各地，變成很嚴重的問題。阿靈斯基有意無意地將這個計畫透露給市政府，市政府發現此事非同小可，趕快答應黑人的要求。

上面的故事指出，決策的環境包括四個相關的觀念：

（一）**行為**。決策只是行為的一小部分，行為是人的一小部分，「可觀察的行為」又是行為的一小部分。當你在考慮一個決策時，要把它放大，設想這不僅僅會影響一些準則，更會影響到更深、更遠的行為問題。

像阿靈斯基想到了機場來往的人的水壓問題，便是用到決策是行為一部分的妙用。

（二）**程序**。每個決策過程都有起點、轉動點、終點；而終點又變成新問題的起點。

（三）**參與者**。每個問題的參與者都隨著時間、環境在變，像故事中原先的參與者無法解決問題，只好求助於阿靈斯基，由於新參與者的加入，打開能力集，才使更多人受到影響，紛紛參與。

決策會因參與者人數的多寡，而影響到決策的程序和後果。例如為了贏球，單打的決策必然和全隊的決策不同，因為

個人單打獨鬥

我們實施A計畫。

決策若考慮現場觀眾，
那就更複雜了。

參與者人數不一樣。若考慮現場觀眾，甚至電視機前的觀眾，問題將愈顯複雜。

（四）**未知與無常**。決策的未知和無常時常會影響決策最後的勝敗。利用習慣領域的低深原理和其他深智慧原理，去設想有什麼未知與無常，我們的思考領域自然會打開，而使未知和無常的影響降到最低。

靈活考慮決策環境的四個觀念，可以擴展我們的想法、做法，也可像阿靈斯基那樣，找出「不戰而屈人之兵」的計策。

③ 突破挑戰

碰到挑戰性的問題，必需跳出既有的習慣領域來解決。

吉利牌刮鬍刀的由來

刮鬍刀可以加以改善，並且賺大錢嗎？

吉利原是某公司的小職員，有一天他的老闆和他談天，聊到生財之道。老闆說：「生財之道其實很簡單，你只要想想什麼東西可以讓顧客用完就丟，丟掉了還會再回來向你買，如此顧客源源不斷，自然就可以發財了。」

吉利聽了這話，記在心中，不時拿出來想一想。一天他用剃刀刮鬍子時，忽然靈光一閃：刀片和刀柄是刮鬍刀的兩個要件，但是刀片鈍了要磨，刀柄則不用，如果把刀片和刀柄分開，刀片鈍了就丟，再買新的，不是就有源源不斷的顧客了？

基於這樣的理念，他發明了吉利牌刮鬍刀。

有一天，他在刮鬍子時想到。

刀片 ＋ 刀柄 ＝ $

於是他發明了吉利牌刮鬍刀。

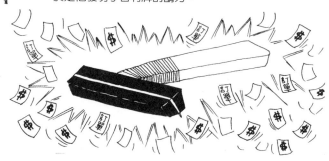

 小故事 5-8

不會黏的強力膠有用嗎？

　　3M公司有一次計劃生產一種強力接著劑，但沒想到製造出來的膠水，並不很黏，而且可以輕易撕掉。對目前公司目標而言，這個產品是失敗的。不過他們並不灰心，反覆思索這些不黏的黏劑，到底有什麼用。過了一段時間，他們突然想到，如果有一種紙條可以隨意貼在公文上，用完後撕下來，不是很方便嗎？這種貼紙推出後大受歡迎，成為一個很賺錢的產品。

3M公司有一次計劃生
產一種強力黏劑。

總之，要突破挑戰性的問題，有四個方法：

（一）**從多方面去了解問題**。如從決策環境、決策要素去考慮。非常問題要用非常方法，也就是用習慣領域以外的方法來解決。

（二）**創造理想的境界**。當你在創造理想的境界時，腦海裡會形成一種電網。當電網組織發展到相當強的地步，它會變成指導你的動力。

（三）**積極探索**。這部分可以分成自我探索及向外探索兩部分。自我探索包括：類推、聯想；向外探索則包括：請教、學習、購買、腦力激盪等。

（四）**運用光明心態去思考，不輕易放棄**。如此可以加強

電網，幫助我們找到最好的解決方法。

好觀念 5-8

通常挑戰性問題會帶來很大的壓力，將思考範圍、念頭、思路壓縮，如能暫時把問題拋開，降低壓力後，自然就會有更多的知識，占有我們的注意力，使我們得到困局的答案。

④ 有效的處理難題

小故事 5-9

子西勸止楚昭王遊荊台

如何勸阻國王出遊，並使他感激你？

一日，楚昭王對群臣說：「朕想到荊台一遊。」司馬子綦立即站出來制止：「大王，人君到那裡玩，由於醉心美景，忘了治國，會導致亡國的。」

楚昭王聞言大怒，下令司馬子綦不准再勸。

明顯的，楚王與司馬子綦的實際領域卡住，而走進惡性衝突的可達領域。幸好有位智慧廣大的子西，他的能力集大到可以解開這種衝突。他明知司馬子綦是對的，但不能明說，所以他先降低楚王的壓力，使楚王的實際領域和注意力可以轉動，而接受「不遊荊台」的勸告。

於是子西當場並未反對，並願隨昭王同遊荊台。車行十里之後，昭王的心情逐漸平靜下來，這時子西拉住馬轡使馬車停下來，對楚昭王說：「我有一言欲說，不知大王願意聽否？」

本王想上荊台。

大王，這會亡國的。

司馬子綦被大王罵得滿頭包。

這很簡單，只要將大王的陵寢設在荊台，後代子孫總不會有人敢拿著樂器到祖墳上玩吧？

昭王回答：「但說無妨。」

　　子西說：「我聽說，做臣子的如對主君盡忠，名利都不足以賞賜他；而只知諂諛主君的臣子，刑罰都不足以殺戮他。司馬子綦是位忠臣，而我卻是個諂諛的臣子，盼大王殺了我，善待子綦。」昭王說：「你也要勸我不去荊台玩吧！可是你禁得了我，禁得了我的後代子孫嗎？」

　　子西說：「這簡單，只要大王百年之後置陵寢於荊台，後代子孫便不會再有人敢拿著樂器到祖先墳上玩樂了。」

　　楚昭王被說服了，他不但調轉車頭回宮，同時也把遊荊台

算你說的有理。

王

的計畫全部撤消。

從這個故事可知，我們碰到挑戰性的問題，不能只墨守成規，必需隨機應變。像子西先順從楚昭王之意，再譴責自己，經由事先降低楚昭王的心理壓力和戒心，反而收到勸阻遊荊台之效。

好 觀 念 5-9

伴君如伴虎，沒有足夠的能力，很難化解問題。借由上例，我們整理如下的有效過程，以解決重複上演的難題。

（一）了解決策問題的習慣領域：可以透過上述五個決策要素及四個決策環境的參數去探索，讓我們的實際領域和可達領域轉化，以避免盲點。（司馬子綦有盲點，子西沒有。）

（二）拓展及豐富有關的能力集：包括對真正需要的能力集的了解，及已獲得能力集的擴大，我們可以透過自我培養或請人幫忙來達成。（若司馬子綦有子西的能力，他就不會得罪楚王。）

（三）透過重複多次的演練及應用，使能力集變成強有力的電網，

如此，我們才能隨心所欲。善戰不戰，使我們能臨機應變。

（四）考慮執行上可能發生的變化及困難，如子西化解楚王不要後代子孫遊荊台的反問。又如買一個公司並不是買下就沒事，還要考慮接著來的財務管理、權責分配等實際經營的問題。

（五）不忘定時重新評估問題及解決之道，並做適當調整以防僵化。

第六章　化壓力為助力

　　現今社會由於科技與工商業發達，再加上多元化、多樣化、國際化的整合交流，使得人與人之間的互動益發錯綜複雜，也增加彼此的壓力。但有人因有龐大的習慣領域而能享受壓力，並脫穎而出，有人卻為壓力而沮喪不安。

業績壓力

　　什麼是超級推銷員成功的秘笈？

　　康寧公司剛剛推出一種打不破的安全玻璃時，曾派出多位推銷員挨家挨戶去推銷這種新型玻璃。大家推銷的成果都不很理想，只有一位推銷員的業績特別好，比別人多了十幾倍。在一次業績表揚大會中，別人問他如何創造業績，他說：「由於我們康寧安全玻璃的特點是打不破，因此我每次去推銷時，就會帶一支鐵鎚，當著顧客的面敲給他看。顧客覺得很驚奇，訂單便不斷地湧來。」

　　聽到他的方法，大家都覺得很新奇，爭相仿效，公司便買

我們也用相同的
方法推銷。

你是怎
麼辦到
的？

真了不起

為什麼你的業績
還是第一？

因為我改變了
推銷手法。

太太！我們公
司推出的玻璃
摔不破！

以前我自己
打，現在叫
客戶打。

同樣的鐵槌，送給每個推銷員每人一支，以便大力推廣。但奇怪的是，那位推銷員的業績仍遙遙領先，再度得到年度業績表揚。別人問他原因，他說：「我知道大家會模仿我以前的方法，因此我必須改變方法。以前是我打給顧客看，不過現在我讓顧客握著鐵鎚自己往玻璃上敲，如此顧客就會更加相信我們的產品了。」

　　這故事和習慣領域有什麼關係？第一次這位超級推銷員用鐵鎚敲打，無形中打開了顧客的習慣領域，但久而久之失去新鮮感，效果自然打折扣。於是第二次他讓顧客自己打，這下又超出顧客原來的習慣領域，自然能再度吸引顧客的注意。

好觀念 6-1

每個人都可以成為超級推銷員。只要你提出來的看法，在對方的習慣領域之外，並吸引到他們的注意和共鳴，你的看法自然就容易被接受。

釋迦牟尼佛的智慧

　　對人說不好的語言，也就是罵人，最後這些話會落在誰的身上？

每一個成功的人都有敵人或對手，連釋迦牟尼也不例外。由於釋迦牟尼創教、授徒成功，引起印度教徒的不安。一天，有位印度教主怒氣沖沖地跑去找釋迦牟尼，說：「你拋家棄子，對父母不孝、對妻子無情、對兒子無義。連你自己都無法做好榜樣，如何拯救蒼生？你的教義其實只是抄襲印度教，怎可自稱為佛？」

釋迦牟尼說：「如果有人送你禮物，但你卻不接受，這個禮物屬於誰呢？」

印度教主回答：「屬於送禮的人。」

釋迦牟尼笑著說：「那麼請你把你的禮物帶回去吧！」印度教主覺得很尷尬，便離開了。

這個故事其實是釋迦牟尼佛與印度教主不同的習慣領域的互動。事實上，我們的實際領域（習慣領域）可以有相當的靈活性，遇到問題可以有所應變。釋迦牟尼因有極靈活的習慣領域，能立即取出所需的電網，把對方的謾罵當作禮物回敬回去，因而化解了一場衝突。

好觀念 6-2

若讓自己的習慣領域更廣大、更靈活，我們就能像釋迦牟尼佛一樣，適時取出有效的電網，解除所面臨的困境和難題，而獲得心靈的自在。

1 壓力的妙用

　　每一件事都可以製造壓力或解除壓力，或與壓力無關。影響壓力最大的事件，將得到我們的注意。每個人都有很多事在製造壓力，而壓力的大小決定了我們的注意力和行為。假如您在找工作，工作的壓力就會使您特別注意網路和報紙上的徵才訊息。當您肚子餓時，您會特別注意餐廳在那裡；如果您不餓，即使經過餐廳也不會留意。

搶匪眾生相

　　底下有三個搶匪，哪一個最讓你害怕？關鍵在於哪一個人可以製造較高的壓力。

　　假如有三個搶匪，一個對你說：「給我錢，否則我殺死你！」一個對你說：「給我錢，否則我殺死人質！」另一個則對你說：「給我錢，否則我就自殺！」哪一個搶匪最令你害怕，而立刻採取行動？哪一個搶匪最令你不知所措？哪一個搶

給我錢，否則
殺死你！

給我錢，
否則殺死
人質！

給我錢，
否則我就
自殺！

哪一個
搶匪最
讓你害
怕？

匪讓你覺得有商量的餘地？又，如果您是圖中的搶匪，您覺得
那個手段會產生最好的效果？

好觀念 6-3

事件若無法提升或降低我們的壓力，我們便不會注意它。事件對壓
力變化影響越大時，越能引起我們的注意和關心。上述這些狀況是
提升壓力，而我們購買東西時，則可看成哪種訴求最能降低我們的
壓力、滿足我們的需求、引起我們的興趣。正因為壓力的升降是行
為的原動力，所以它是許多學科的研究課題。

我是阿水嬸，我的兒
子娶個洋妞做老婆。

Good Morning
Ma!Ma!

你在說啥咪？
別靠過來！

壓力升降是行為的原動力

阿水嬸的震撼

不同習俗會帶來震撼與挫折，怎麼辦？

阿水嬸的兒子娶了個洋媳婦。阿水嬸到美國探望兒子和媳婦時，發現她和媳婦語言不通，連比手劃腳都無法溝通；而且在教養小孫子的方式上也截然不同。

阿水嬸會感覺非常挫折，其實這是對於外來刺激，透過實際領域吸收、解釋之後，所產生的反應。這種感覺和認知的過程，就是壓力升降的原動力。阿水嬸和洋媳婦在溝通上，由於無法彼此瞭解，導致信息無法進入內心。

太陽晒屁股還不起床，去他們房間看看！

好 觀 念 6-4

每個人都有不同的習慣領域，同一件事情對不同的人所造成的壓力
並不相同，因為實際領域的轉化，同一個人對事件的注意力，會因
時、因地而有不同的解釋，這些解釋都會影響我們的情緒和判斷，
而導致不同的壓力。

當我們考慮問題時，可以多站在對方的角度，走進他們的習慣領
域，以他們的習慣領域為出發點來考慮，了解他們壓力升降變化的
可能性，以降低判斷錯誤的機會。

我用高壓式「填鴨政策」，管學生能不能接受。

輕輕鬆鬆放水過關，大家皆大歡喜。

誰是好老師？

老師是百年樹人的園丁，不同的教學方法，對學生日後成長有很大的影響。我們應採取哪種較好？

老師是百年樹人的園丁；管理者則像引導羊群的牧羊人。不管是教育學子或經營事業，都需先建立良好的雙向溝通管道，以了解對方的性情、需求和習慣領域。孔子之所以被稱為萬世師表，是因為他花許多時間了解他的學生，且能因才施教的緣故。

通常人們會把自己限制在本身最熟悉的領域中，並且很難把注意力移到他們不熟悉的人、事、物上。要讓別人了解並對你有興趣，最有效的方法就是你先了解他，並對他有很大的興趣。假如你一開始

我依照學生的資質，調整教學內容。

一個好老師其實應該先了解學生的能力、需求，再因才施教。

就告訴別人你有一個全新的觀念，對方百分之九十九會拒絕這個新的觀念；但假如換另外一個方法，先了解對方的興趣，再由他的興趣轉入你相關的新觀念，如此便可製造好奇心及溫柔的壓力，這樣你就能有效地引導他，對方也會更容易接受你的想法。

小故事 6-5

卡內基的妙計

　　如何讓成年的孩子乖乖地寫信給媽媽？你能踏進他們的習慣領域，並溫柔地製造壓力和有效地為他們解除壓力嗎？

　　美國鋼鐵大王卡內基有一位姊姊，他的姊姊有兩個兒子，都在耶魯大學念書，常常忙得沒時間寫信回家，讓他的姊姊非常痛苦。後來，卡內基知道了這件事。

　　一次，在宴會中，卡內基跟他的姊姊說他有辦法讓那兩位姪兒在兩週內寫信回家，但旁人都不相信，紛紛跟他打賭。

　　卡內基回去之後，寫了一封信給兩位姪兒，上面寫著：

「親愛的姪兒：我非常了解你們課業繁忙，為使你們的大學生活更快樂一些，現在隨函寄上十美元給你們。」信寄出去了，但卡內基沒有附上那十美元。他的姪兒收到信後，發現信裡並沒有十美元，於是就寫回信給卡內基，詢問那十美元的下落。

　　卡內基因此贏得和別人的賭注，而他的姊姊也學會這一招，等兩個兒子寫信回家，才寄上當月的生活費及零用錢。

　　由這個故事可知，外來的刺激和信息只有受到我們注意及

經過我們大腦的理解和吸收，這個刺激或信息才會影響我們的決定和行為。人最關心的是自己的領域，什麼信息可以產生有意義的解釋，並降低我們的壓力到最低點，這個信息便會優先獲得我們的注意力及解釋。

如同卡內基，我們只要用心，就可以進入並了解別人的生活領域；只有實際踏進他們的領域，我們才可邀請他們與我們互動，進而解除他們的痛苦，或領導他們。

每個人都有他的生活領域，他們不常把注意力放在他們生活領域之外。走進他們的生活領域，溫柔地製造壓力，並有效可靠地解除他們的壓力，你就能引導他們並讓他們喜歡你。

安適領域

你覺得最安心自在的地方在哪裡？是辦公桌、家

別再罵了，
我下次再也
不坐你的太
師椅了！

我請你來哼歌的嗎？
還不趕快工作！

董事長

裡、還是床上？

　每個人的生活領域中都有一個「安適」領域，在那個領域內我們會感到安全與舒適。當別人介入這個領域時，我們會感到焦慮不安，自然興起驅逐介入者，保衛安適領域的想法。

好 觀 念 6-7

瞭解每個人的安適領域，並避免侵犯他們的安適領域，您就能避免造成他們的壓力和敵意。要別人敞開心胸，與你合作或接納你的意見，首先就要讓他自在放鬆地處於他的「安適領域」內，這樣才有可能幫助他們解除壓力，並成為他們的朋友。

② 最小阻力原則

人的行動是依最小阻力原則來進行，所以並不難預測。例如，我們或許厭倦了天天上班的生活，但為什麼厭倦卻還是天天上班呢？

若以最小阻力原則來分析，不上班沒工作所承受的壓力，遠比天天上班的壓力大，因此許多人雖然厭倦上班，卻仍然天天上班。

 小故事 6-7

最小阻力養成的習慣

賴床是一種最小阻力的行為嗎？它會養成習慣嗎？

習慣賴床的人，每天都爬不起來；習慣喝酒的人，哪天不喝酒就混身不對勁；習慣行竊的小偷，偷東西時臉不紅氣不喘。當行為被重複使用後，有關它的電網便逐漸加強，當它強到某一個程度後，無形中便主宰了我們的行為。因此，無論是好習慣或壞習慣，一旦養成，做起事來便順理成章。

真不想上班！

老公，你再不拿錢回家，房子繳不出貸款就要被查封了。

如果不上班？！

如果還繼續不上班……

好心的阿伯，可憐可憐我吧！

好恐怖！還是打起精神上班去吧！

你被壓力壓扁了嗎？

好觀念 6-8

沒有外來的突發事件或刺激，我們便常依循最小阻力原則，將自己的行為模式局限在一個固定範圍內而不自知。其實，暴風雨、憂患災難帶來的極大壓力，會轉移我們的注意力，能幫助我們擴展能力，並使生活多采多姿。

寶貝，這音樂你
還喜歡嗎？

嗯，我很滿意！

 小故事 6-8

快樂的乳牛

　　為什麼使乳牛快樂，你可以擠出較香、較多的牛奶？

　　科學家發現，在擠牛奶時播放愉快的音樂，會使乳牛的泌乳量增加，牛奶也變得更香。所以，我們說快樂的乳牛產生出來的牛奶比較香，比較多。

 好觀念 6-9

最小阻力會隨著壓力結構及實際領域的變動而變動。好比「責罵」

唉！縱然醫術高明，沒病人上門，也得餓肚子。

我也謝謝你救了我的命。

華陀再世

謝謝醫生治好我的病。

強化了現況與理想的差距而製造壓力，為了避免壓力的提升，人們會避開罵的根源和愛罵的人；相反地，「稱讚」讓人得到滿足、降低壓力、心情愉快，所以人們會努力工作，以加強被稱讚的原因，並與稱讚我們的人親近。

小練習 6-2

翹翹板的藝術

沒有病人，醫生會有壓力嗎？沒有醫生，病人能解除病痛嗎？為什麼醫生不在三更半夜時開診？

人們生病找醫生，因為醫生能夠解除病痛的壓力；醫生開門等病人，因為病人可以解除醫生經濟上的壓力。

在某種時間、情況下，我們可以有效解除別人的壓力，對

別人有所貢獻，因而也解除自己的壓力。但我們不能時時刻刻
解除別人的壓力，而忘記這樣對自己所造成的壓力。

　　如何平衡自己，決定何時進入別人最小阻力的路途，幫助
別人解除壓力而不受害；何時避開別人的最小阻力，以免自己
受到傷害，是一門生活的藝術，如同翹翹板的藝術。

好觀念6-10

依最小阻力原理，如果有人來找我們，在他心中必定認為我們可以
解除他的壓力到最低點，不管這個感覺是多麼短暫。因此，人們來
找我們排憂解難，是對我們的肯定和稱讚，我們要感謝他們，不要
不耐煩。

❸ 化壓力爲助力的妙方

如果我們的習慣領域夠大、夠靈活，遇到危機時便可安然處之。

小故事 6-9

陳平乘船，化險為夷

你若身懷巨寶，你將可能成爲被劫財的對象。陳平如何逃過這一劫難，有效地解除對方和自己的壓力？

陳平孤身乘船，船夫見陳平大腹，以爲身懷財物，有意下手劫財。陳平見船夫神情詭異，深知不妙，但他先不動聲色地脫去上衣，對船夫說：「船走太慢了，我幫你划。」然後果眞幫船夫撐篙。

船夫見陳平赤裸著上身，身上空無一物，便打消搶劫的念頭。陳平成功地降低了自己和船夫的壓力，因機智而救了自己一命。

痛宰肥羊！

陳平孤身乘船，船夫
見陳平大腹，以為身
懷財物。

情況不妙。

陳平發現船夫神色有異，不動
聲色的脫去上衣。

船走得太慢，我來幫你划
吧！

身上什麼東西
都沒有，原來
是個窮鬼！

好險！
逃過一劫。

你被壓力壓扁了嗎？

老闆交給我ＨＤ中心的企劃
案。可是我以前從來沒有獨
當一面過，真怕會砸鍋！

繼續不斷地豐富我們的習慣領域和能力，在遭逢危機時，我們就能
像陳平那樣安然化解。

　　當嚴重問題發生得太突然、太快、超過我們能力之外時，
我們會有高度的壓力，不知如何處理；我們也會因無力感而失
望、沮喪，或失去信心。如果我們尚無陳平的能力，下列五個
自我提示的問題，可以幫我們振奮身心、改變實際領域及可達
領域、轉化我們的情緒，由消極黑暗進入積極光明的心態：

化高壓力為助力的五問：

　　（一）如果我成功克服這個難關，它對我的人生有什麼重
大的貢獻和意義？我能學到什麼？

　　（二）如果我成功克服了這難關，它對我的將來有什麼重
大的貢獻或意義？五年、十年後我的能力集是否因此大大展
開？我的人生將有如何的成就？

　　（三）我需要什麼能力、技術、信息、資源和努力來完善
地克服這個挑戰？（此時您已經由消極轉變為積極，開始尋找

你不妨把這些挑戰或危機當做是在吃補藥，多吃幾次，以後就變成超級大力士，天不怕地不怕了。

問題的解答了！）

（四）如何取得這些技能、信息、資源等能力集？

（五）我如何好好地享受自己處理這些問題的過程？當享受的意念占有您的注意力時，痛苦的程度將會大大減少。

小練習 6-3

想一想，如何化壓力為助力？

許多成功的企業家都很敢冒險。冒險的好處是能夠幫助我們打開習慣領域，如果不敢冒險，能力集將永遠停留在原地。

好 觀 念 6-12

將挑戰性的問題或危機當做吃補藥，勇敢地吃下它，幾次之後能力
集便會大大的擴張，我們便成為名符其實的大力士。

第七章　贏贏的高招

請問，在某個局面下，您贏我贏大家都贏；在另一局面下，只有一個人贏，其他人都輸，那麼參與那一個局面，會讓您覺得安心自在？

傳統關於計策的討論，多著重輸贏，而忽略大家都贏。著重輸贏就會造成衝突；著重大家都贏就會造成和諧。

人們習慣領域的互動反映在彼此人際的互動上。人們會有衝突，因為他們的實際領域卡住了。其實實際領域只是習慣領域的一小部分，可以被轉化，因此人際互動的局面也是可以被轉變的，可以由衝突變成合作，也可以由合作變成衝突。

本章強調的是在互動局面下，如何將衝突（輸贏）轉化為合作（贏贏，大家都贏），讓每一個參與者都可自稱為勝利者。這是我們追求的人生崇高境界，因為在大家都贏的局面下，大家都安心自在，自然會創造出和諧快樂的環境，這不是您我都嚮往的嗎？

1 當我們的習慣領域相碰時

愛默生趕牛記

在一個下雪的傍晚，美國大文豪愛默生發現農場裡的一頭小牛仍在外面逗留。愛默生擔心小牛會凍死，於是叫兒子把牠拉進牛棚，但是任憑他的兒子怎麼用力，那頭牛總是固執的留在原地，動都不肯動。

愛默生看到後出來幫忙，兒子在前面拉，父親在後面推。小牛受到驚嚇，更是動也不動，這時女傭走出來說：「讓我來解決好了。」

她把手指伸進小牛的嘴裡，讓小牛感覺像在吃奶一樣，一邊吸吮她的食指，一邊慢慢地被牽進牛棚。

不管是人、動物或是一個組織，都帶著無形、無聲、無色的習慣領域。如果不能考慮對方的習慣領域，即使是大文豪的智慧也沒法解決困境。故事中的女傭因為能考慮到小牛的習慣領域，就有了智慧把困局化解成雙贏的情況。

每個人都有一組理想境界，為了達成這個理想境界，就必

須和別人或別的生物、團體交接互動。競略、合作、衝突都是這些交接互動的反映，也是習慣領域交接互動的顯現。這些交接互動都是動態的：先開始，經過一段程序，最後結束；再有新的開始……，如此反覆運作。

　　每個人都有習慣領域，也都有其想達到的理想結果，除非每個參與者都可自稱為勝利者，否則一個互動局面便無法有穩定的解答方案或贏贏策略。

遙控汽車換烏龜

　　小明是個在都市長大的孩子。一天，小明的爸爸媽媽帶他到鄉下去看祖父母。小明看到他的表弟手上拿著一隻烏龜，由於他從來沒見過烏龜，覺得很好奇，便和表弟商量，用他的遙控汽車換表弟的烏龜。表弟聽了十分歡喜，兩個人高高興興的交換到自己心愛的東西。

如果以一般人衡量價值的觀點來看，小明的遙控汽車在價值上遠遠超過一隻小烏龜。可是自己容易擁有的東西，往往不如困難取得的東西價值高，經由物物交換，彼此都得到主觀上價值較高的東西，

則每一方都是贏家（只要父母不介意的話☺）。

耶穌的智慧

　　有一群猶太人抓到一位年輕的婦人。這個婦人因為與鄰居有不軌的行為，違反了十誡中的戒律，將被亂石打死。那時猶太人對耶穌相當不滿，因為耶穌所宣傳的信息強烈地挑戰著猶太教的基本教義，並且威脅到猶太教的勢力。於是那群猶太人就故意把少婦帶到耶穌面前，想看看耶穌如何解決這個問題。

　　很明顯地，耶穌面臨了兩個問題：一是如果不原諒少婦，少婦將會被亂石打死，耶穌不願見到這種慘狀，因為這違反了他的博愛精神；但是如果放過少婦，他便違背十誡。

　　耶穌沉思了一會，然後慢慢把頭抬起──注視每個人，說：「依照十誡，這位婦人該被亂石打死。現在，就請自認從沒有犯過錯的人投第一塊石頭。」

　　耶穌說完，隔了一段時間，先是老人，然後一些年輕人都慢慢的離開現場。耶穌不僅救了那少婦，也沒有違反十誡。

原來是一個激烈的衝突，但耶穌智慧地轉化了所有參與者的實際領

啊！啊！

哈！抓到了！

真丟我們女人的臉！

把她吊起來。

抓去見耶穌。

這個女人違反了十誡，應該被亂石打死！

她是有罪。現在，請自認從來沒犯過錯的人投第一塊石頭吧。

算了！

哪有人不曾犯

謝謝你，我不會再犯了。

域。在新的實際領域下，每個人都認為離開現場是最好的選擇（因取得最好的選擇，所以人人都是勝利者）。請問，您曾協調過衝突的局面，而使每個人心悅誠服嗎？

小練習 7-1

團隊的習慣領域

　　想一想：四百公尺接力賽或四人一組搬運一根大柱子時，如果四個人之中，只有一個人全力以赴，則全隊能夠得到冠軍嗎？只有兩個人盡全力呢？必須要全部四個人都全力以赴，才能成功。

　　互動的情況很多，其中之一是自我與團體「利益和興趣」一致，如此為追求自我的利益和興趣，便繼續合作。只有當隊員與團隊的目標完全一致時，隊員才會全力以赴，達到個人及團隊的理想目標。

好觀念 7-3

「眾志成城」並不是一句空洞的話。如果一個團隊不能同心協力，它永遠沒辦法勝利。一個領導者若能創造規則、環境，讓每個參與者皆能盡全力去追逐個人的最利點，而公司或團體也因此達到最利點，那麼他便是個有能力的領導者。

一個人抬
不動！

我們一
起來幫
忙吧。

大家同心協
力，不是輕鬆
又愉快嗎？

罰球也投
不進！
都怪你！   都怪你！
                你才是！   結果弄得大家互相不理對方。

任何一個團隊想贏，必須全部的成員都能互助合作，全力以赴，追求團隊的理想目標。假如個人的私欲超過團隊的目標時，團隊便會瓦解。因此當競局產生時，如何把自利與公利互相協調，就成為重要的課題。

小 故 事 7-4

融合團隊習慣領域的教練

曾經有一個球隊經常輸球，輸了球之後大家便互相埋怨、推諉責任。眼看著球隊人心分崩離析，這時教練突然變得特別嚴格，不管是體能操練也好，戰術運用也好，都做了許多不合理的要求。

球員們被教練整得叫苦連天，來不及計較彼此的嫌隙，同時把矛頭一致指向教練。由於同仇敵愾的心情，反而使他們互相照顧、團結在一起。

過了一陣子，教練把全體隊員叫來，說：「我之所以如此嚴厲，是希望你們把攻擊的目標集中到我身上，不再彼此仇視，我們必須同心協力才有贏球的希望。」

你被壓力壓扁了嗎？

這樣下去不行，得想個法子才好。

不要摸魚，快做伏地挺身！1005、1006……

100, 1002,
1003, 1006,
1005, 1006,

前面的，不要混！

要死啦！一次跑1萬公尺！

你不要緊

死教練，真變態！

球隊解散算了。

哼！不吃了。

嗯！罵得好！

吃飽後再去跟他理論！

喔！　喔！

這位教練重新結構了隊員的實際領域，將團隊注意力由內轉向外，團隊因此能夠團結起來。

好觀念 7-4

好的領導者必須有能力融合團隊的習慣領域，才能使團隊發揮力量，槍口一致地對外，而獲取勝利。

小練習 7-2

不二價與殺價

殺價與不二價哪個比較好？

有兩個攤販對門而立，為了爭取顧客，彼此互相較勁。

甲說：「一件一百元！」乙則反擊說：「我賣一件九十元就好！」甲一聽立刻削價：「一件八十，兩件一百五十元！」乙一氣之下，乾脆說：「買一送一啦！」

如此一來，不但顧客無所適從，兩個攤販在削價競爭之下，也根本無利可圖。

在許多競局下，如商場、公共衛生、秩序等，人們常想運

用小聰明取得先利。也許個人在短期獲得小利益，但長期下來則變得人人受害，因此我們有法律和規範，來防止私人小利的氾濫，讓整個團體能在適當範圍內，爭取到最大利益。此例的兩個攤販競相殺價、血本無歸，倒不如定出不二價政策，使消費者和商人間都能獲得公平合理價格的立足點，互蒙其利。

好觀念 7-5

明爭暗鬥不如公開坦誠地協調。亂殺價會使賣者和買者眼花撩亂。如果我們能考慮大家共同的利益，化小我為大我，我們就容易取得共識而得到共同的利益。

戰後協定

戰後的和平協定，也是贏贏策略嗎？

喂，這樣拚價也不是辦法，咱們乾脆來定個不二價好了。

好啊！我也不會再被老婆罵。

大家都有得賺，皆大歡喜。

謝謝光臨!!

　　常見兩個國家由於種族、宗教等紛爭衝突，投下大量人力、物力、財力去解決。一旦勝負逐漸分明，兩國便會訂定和平條約。

　　戰勝國可以得到戰利品及賠償，戰敗國則藉此求和，以避免更嚴重的損失。就戰爭結果而言，雙方都得到解答的方案。

好觀念 7-6

互動的局勢要穩定的必要條件是：每個參與者自己認為已得到最好的解答，否則還是會繼續打下去。如果您知道您已經贏了，見好就收，別忘了讓「輸者」有一條退路可以選擇，否則他的反撲可能會造成您很大的傷害。細水長流，如果我們沒有更好的方法，我們可以暫時認輸，養精蓄銳，為再站起來作準備，如此雖敗，猶有再生的機會。

我們獻上美女求和。

父王救命！這個老婆我可不可以不要？

救命啊!!

和平的背後

② 透視互動，創造贏贏

　　一個好的領導者必需重新構造一個環境或互動局面，讓在裡頭的每個人都可自稱為勝利者。那麼如何重新打造互動局面？首先要了解影響習慣領域互動的三個因素：

（一）互動的形式

阿呆不呆

　　有一個乞丐名叫阿呆，終日坐在路邊乞討。一日，有人憐憫他，拿出一張一元、一張十元的鈔票，叫阿呆自取，阿呆取一元。那人大驚：「世上真有這種呆子！」他連忙回辦公室，向同事們說阿呆的奇舉。

　　他的同事、同事的同事……很快就有近百人去試阿呆，每次阿呆只拿一元，但他卻靠這個方法賺了一百多元。

　　阿呆其實並不呆，他了解人性，於是故意每次只取一元，財源滾滾而入。他改變短期一次的利益為長期持續的利益。正因他改變了互動形式，才能增加收入。

我要一
元。

那個阿呆不
要十元，只
要一元喲！

有個乞丐
不要十
元，只要
一元。

世上還有
這種呆
瓜？

我告訴你，
阿呆不要十
元……

有一個乞丐叫
阿呆，他只要
一元……

趕快去看
看！

有一個阿呆，居
然不要十元，只
要一元！

有個呆瓜不
要十元，只
要一元。

有個呆瓜不
要十元，只
要一元。

哈！第一
百個呆
瓜！

我不要十
元，只要
一元。

好觀念 7-7

每個互動形式含概了很多內容。如果要轉化互動的形式，我們可以考慮很多的因素。故事中的阿呆其實是很聰明地考慮到互動的形式，使他的實際領域得以轉化而得到新的點子。他考慮的互動形式可能包括了：有多少參與者？賭注是什麼？參與者的利趣有沒有一致？競局的規則清不清楚？權力結構如何？信息來源與管道是什麼？可靠嗎？競局的動態、過程是什麼？類似的競局有沒有發生過？如果發生過，以前如何解決？

（二）互動的規則

小故事 7-7

孫臏賽馬

　　戰國時，齊將田忌與齊威王、諸公子賽馬，馬分上中下駒三組，哪一個人的馬能贏兩組，就贏萬金。孫臏知道這個消息，便向田忌獻計曰：「我有一計可穩贏今年的賽馬。」他以己之中駒對抗對方之下駒，將己之上駒對抗對方之中駒，以己之下駒對抗對方之上駒，如此雖然輸了一場，但贏了兩場，還是獲得整體之勝利。

戰國時代齊國每年舉行賽馬。

又到了賽馬季，每年都輸真沒面子。

臣孫臏有一計，可保今年穩贏。

說來聽聽。

第一場以下駒對抗對方之上駒。

第二場以上駒對抗對方之中駒。

第三場以中駒對抗對方之下駒。

第一場雖然輸了，

但贏了第二場，

及第三場！

互動的規則有成文和不成文的，包括法律、規章、政令、習慣、輿論等。當規則改變時，互動局面也隨著改變。因此我們打造新的互動局面前，要先了解規則的內容、每個人的地位、權責、功能、定義、處理及執行的一般程序、規則適用期有多長等。

好 觀 念 7-8

上等競略者注重規則的更改，次等競略者則注重在既定的規則下，如何做得最好。

（三）參與互動的人

小 故 事 7-8

孫悟空大戰青牛大王

　　孫悟空在陪三藏法師上西天取經時，巧遇青牛大王，雙方大戰百餘回合，依然難分勝負。孫悟空想盡辦法也打不過，後來得知青牛大王原是「李老君」的坐騎，只有太上老君方可制得住牠，於是上天宮請了「李老君」相助，果然順利解圍。

孫悟空陪三藏法師上西天取經時，巧遇青牛大王，雙方大戰百餘回合，不分勝負。

等一下，休息
一會兒。

老孫也不
過爾爾。

這隻臭牛果然有來頭。

有啦！

孫悟空後來得知青牛大王
原來是太上老君的坐騎。

居然請來我的主人，只好乖乖認輸啦！

好觀念 7-9

當我們碰到難題無解時，不妨找出有影響力的參與者，或許可以因此突破僵局，因為隨著新參與者的加入，互動局面就會轉化。

可能的參與者（即受影響的人）有哪些？參與者的興趣與賭注是什麼？他們的習慣領域如何？對競局有多少了解？參與者的資源與權力如何？

新的參與者可以決定競局的結果，是必須考慮的要素。

小故事 7-9

釋迦牟尼佛化解失子之痛

從前有一富翁失子，痛苦不堪，於是跑去懇求佛祖幫助，使其子起死回生。

佛祖說：「如果你能到村中，向從沒死過親人的人家要到鍋灰，裝回一大袋，我就可以救活你的兒子。」

富翁果然去挨家挨戶的詢問，這才發現每一家都有親人死去，而且自己的生活和一般貧苦百姓相比，實在太幸福了。憐憫之心油然而生，也化愛其子之小愛，成為愛大眾之大愛。

我要兒子。

去跟佛祖要啦！

請問佛祖，如何才能使我兒子起死回生？

你到村中，向沒死過親人的人家要鍋灰，裝回一大袋，我就能救活你的兒子。

老爸才剛死，結婚沖喜。

我弟弟上個月才過世。

忌中

每戶人家都有親人死去啊！和這些貧窮的老百姓相比，我實在大幸福了。

富翁不由生起憐憫之心，成為一個大善人。

賑災濟窮

好觀念 7-10

要有效地打造新的互動局面，讓人人都可以轉化實際領域而創造雙贏，我們可以請教能力智慧比我們高的人，讓他們打開我們的視野，使我們的習慣領域可以轉化而獲取贏贏。敢向高人請教是一種能力，請不要不屑於開口發問。

③ 您好，我也好

佛蘭德城的逢凶化吉

在十四、十五世紀時，西班牙是一個強盛的國家。一次，大軍北上逼近法國小鎮佛蘭德城（Flander）。西班牙軍派了一名傳令官到鎮上對村民說：「我們西班牙大軍即將來到，限你們一個星期之內投降，否則西班牙大軍就會把全城毀掉。」

這個問題給這個小鄉鎮帶來很大的壓力。他們只有兩個選擇：一是抵抗，但全鎮只有幾千人，而西班牙軍隊卻有十萬，勢必無法抵抗；二是投降，但投降後鎮上的男人會被抓去當俘虜。經過幾天的討論，大家仍然沒有結果。

鎮長夫人看到男人忙了幾天仍無結果，於是挺身出來說：「無論投降或抵抗都不是最好的辦法，不如讓鎮上的男人全部到山裡躲起來，讓我們來應付這些野蠻的西班牙人。」男人們無計可施，只得逃亡。

依照鎮長夫人的訓練，當西班牙軍隊來到鎮上時，鎮上的女人個個打扮得非常漂亮，殷勤招待他們。一個星期後，西班

男人們看著公告，無計可施。

我有一個妙計。

打也死，
不打也
死。

西班牙大
軍進城。

奇怪，城裡的男人呢？

西班牙軍在城裡受到法
國女人熱情的招待。簡
直捨不得離開。

我的小
親親，
你溫柔
又體
貼。

臨走前，西班牙的軍人為了表示
感激，還留下了一堆東西。

輕易地化解了一
場危機。

你被壓力壓扁了嗎？

牙軍隊必須繼續北上，對於鎮上的熱情招待，非常感動；為了表示謝意，還留下他們辛苦得來的戰利品，才繼續北上。

　　鎮長夫人的妙計不但解決了危機，還因這些戰利品使佛蘭德城更富裕。

好觀念 7-11

要創造贏贏的局面，除了以上互動的因素需要考慮外，下列步驟可以幫助我們找到達成贏贏的方法，以下以故事中鎮長夫人為例：

（一）了解（競略的）情況：敵強我弱，西班牙軍隊離鄉已久，「極需安撫」。

（二）創造理想的境界：讓全鎮人民平安渡過浩劫。

（三）計畫、訓練：教婦女如何打扮、安撫野蠻的西班牙軍人。

（四）執行，動員：讓鎮上男人安全離開，讓鎮上婦女勇敢面對。

小故事 7-11

消除人民的示威危機

　　氣氛火爆，一觸即發，如何化解？

十八世紀法國大革命，有一次一個軍官奉命要對市區示威的暴民格殺勿論。軍官左右為難，因為軍令難違，但開槍射殺市民也非他所願，因為市民只是意見不合，並非真正的暴民。

　　於是他把軍隊開進市場，叫步兵擺出準備射擊的姿勢，然後趁全場鴉雀無聲時大聲說：「我奉命來射殺暴民，但我所看到的全是善良的仕女和紳士。現在請所有善良的仕女和紳士趕快離開這裡，讓我能安全地射殺暴民！」

　　聽了這話，示威者紛紛離去，軍官也解決了他的難題。

好觀念 7-12

能改變互動局面，是成功領導者的要件之一。故事中的軍官製造氣氛，同時改變軍隊與暴民的習慣領域，讓示威的市民感覺死亡在即，再給示威的市民一條光榮的退路，於是示威的市民在最小阻力原則下，選擇離開現場，同時解決了軍官的壓力。

十八世紀法
國大革命。

我接到上級命令，叫我開槍
射殺示威暴民。我不願殺
人，也不願違抗軍令，真是
左右為難！

我奉命射殺暴民，但是我看到的
全是仕女和紳士，請仕女和紳士
離開，好讓我射殺暴民。

笨蛋，他是給
我們台階下。

他怎麼這
樣說？

可以鬆口
氣了！

第八章　成為人際互動的高手

　　人與人之間的互動非常複雜。我們都希望別人喜歡我們，我們也喜歡他們。本章小故事將告訴您如何讓別人喜歡我們，以及我們也喜歡別人的要訣。

　　人與人之間的交往互動無非是彼此意見的交往與互動。如何使對方欣然接受我們的意見，本章也將介紹一個要訣。

　　另外，本章末也將介紹如何讓人與人之間物質交換（如買賣交易）很爽快的要訣（這就是創造贏贏買賣的要訣）。

① 如何使人喜歡我？

要別人喜歡我們，最快的方式是自己先喜歡別人。人有「相互回報」的行為通性，也就是「人們喜歡自認為喜歡自己的人，不喜歡自認為不喜歡自己的人。」假如你能讓對方感受到你真心地喜歡他，他當然也會喜歡你。這點或許十分困難，但可以慢慢培養，養成習慣。

兩條狗的對話

如何讓人家喜歡你，愛你？

有一天，野狗阿黑碰見家狗阿黃，兩狗相談甚歡。這時阿黃的主人走出來找他，要餵牠吃牛肉，還要帶牠去散步，阿黃便向阿黑暫時道別。

到了晚上，阿黑找到阿黃，說：「為什麼你的主人對你這麼好？不但餵你牛肉，還帶你散步？」

阿黃說：「那是因為我先向主人表示好感啊。我只要一看

有一天野狗阿黑
來找家狗阿黃。

小黃快
來吃牛
排！

主人怎麼對牠那
麼好？

走，我們去
散散步

你的主人為
什麼對你那
麼好？

那是因為我先
向主人表示好
感啊。我只要
一看到主人，
就會趕快搖尾
巴，在他腳邊
繞來繞去。正
因我愛他，所
以他也愛我，

剛開始時會
害怕。

你不怕
他打
你、罵
你嗎？

可是只要真心的愛他，
勇敢的表示出來。

就能走進他的
生活。

快樂 的   不得了!!

到主人，就會趕快搖尾巴，早上在他的腳邊繞來繞去，捨不得他走。傍晚他回家時，一定到門口迎接。正因為我愛我的主人，我的主人也愛我，他就會好好照顧我。」

阿黑問：「你不會害怕他打你、罵你嗎？」

阿黃說：「剛開始時有些猶豫，但只要你下決心去喜歡一個人，勇敢的表示出來，就能走進他的生活裡。」

好觀念 8-1

如果你能有效做到下述三點，你不但可令人喜歡你，也可以成功地領導別人：

（一）知道並善用自己的潛能，解除別人的壓力和痛苦。隨時保持微笑，創造好感；記住別人的名字，細心聆聽別人談他以往的有趣事蹟。如此一來，你將可以解除人們的「自我重要感」及「社會讚許」等壓力。

（二）擴充及增加自己的能力集。改善技巧、端正態度、廣結善緣、培築機會，使我們更有能力和熱情解除別人的壓力和痛苦。

（三）散播熱情及協助解除壓力和痛苦。散播熱情時要體貼溫柔，解除壓力時要有效可靠。

我們有許多讓人喜歡
的本能，例如我們會
幫助別人。

喜歡別人，關
心別人。

我們的眼會欣
賞別人。

耳朵能傾聽別人談
話，瞭解別人。

如此解除對方壓力。也使對方喜歡、欣賞、了解我們。

想一想，我有哪些讓人喜歡的條件？

　　我們有許多足以讓人喜歡的長處，例如我們的嘴會笑、會叫別人的名字、會讚美別人；我們的眼會欣賞、關心別人；我們的耳能傾聽別人的話；我們的鼻能欣賞別人的香味……。除了我們的身體，我們還有心意和頭腦，也都能欣賞別人、解除別人的壓力。

　　兩點之間最短的距離是直線，但人際關係上卻並非如此。你要的東西，如愛、喜歡、讚賞等，若不先付出，常常很難得到。所以先喜歡別人，將是獲得別人喜歡最有效的方法。

法國餐廳的成功

　　服務親切，顧客喜歡來，生意就興隆，如何讓服務員親切地接待客人呢？

　　有家法國餐廳以服務親切而遠近馳名，有人好奇地向老闆請教生財之道，老闆說：「服務生來工作，為的是賺錢。我強

調小費制度的意義，假如工作努力、服務親切、記住客人的名字，客人給的小費自然會多，甚至可能占他們薪水的百分之八十呢！」

　　服務生態度親切、記住客人的名字，讓客人受到尊重，客人開心，就會多給小費，因此客人和服務生都「贏」了，而老闆因生意滾滾而來，更是大贏家。透過親切的服務，「價值」被創造出來了！所有參與者都受到好處，都是贏家。

好觀念 8-2

如果我們能有效、可靠地解除顧客的壓力和痛苦，我們便可以創造價值、讓顧客喜歡我們，也讓我們生意興隆。如果我們能比競爭對手早一點提供價廉物美的服務和產品，給特定族群的顧客，我們自然就會有競爭力。

HD 餐廳

我的餐廳以服務親切遠近馳名，你知道原因嗎？

其實道理很簡單。服務生來工作是為了賺錢，所以我強調小費制度。

辛苦有了代價。

賺了好多小費！

假如服務生工作努力，服務親切，人家給的小費自然會增加，有時可能會占他們薪水的80％呢！如此賓主盡歡不是很快樂嗎？

這家餐廳服務真親切，下次再來！

② 如何讓人接受我的看法？

要改變爸爸媽媽的觀念，容易嗎？要改變董事長的錯誤決定，容易嗎？我們可以用下列四個步驟，來轉化互動的局面而達成我們建議的目標。

（一）清楚了解我們要建議什麼；

（二）了解狀況；

（三）計劃建議的程序、時機；

（四）執行；

我們來看看以下的小故事：

 小故事 8-3

左師觸讋諫太后

左師如何讓盛怒的太后，同意讓她疼愛的兒子到外國當人質？

秦國進兵趙國，趙國向齊國求救兵，齊國一定要長安君當人質才肯出兵。長安君是趙太后最小的兒子，那時太后掌權，她不肯答應。大臣們輪流上諫勸說，太后最後表示：「誰再來

竟敢要我的小兒子當人質！誰敢再來提，我就吐口水在他臉上！

老臣腳痛，好久沒來拜見太后，尚請太后見諒。太后年事已高，恐怕也為腳痛所苦吧！

我現在都坐車。

提讓長安君爲人質，我就把口水吐在誰臉上。」

左師觸讋知道長安君去齊國作人質，是救趙國唯一方法（第一步：先清楚瞭解他要建議什麼），他也瞭解趙太后愛趙國但又不捨長安君到齊國（第二步：瞭解狀況）。左師有一幼子，他也喜歡他的幼子，這點與趙太后相似，他可以用這一點接近趙太后。經過一番計畫和準備（第三步），左師便前往宮中求見趙太后（第四步）。

太后正在氣頭上，背著接見他。左師慢慢走進來，慢慢坐下，自己先致歉說：「老臣因爲腳有病，沒有辦法走得快，已經好久沒來見太后了。我猜想太后也許也因腳痛而受苦，所以特地前來問候。」太后說：「我現在都是以車代步。」左師問：「近來食慾好一點了嗎？」太后答：「只吃一些稀飯。」左師說：「我從前也是很不想吃東西，後來努力走路，一天走個三、四里路，慢慢就想吃些東西，而身體也比較健康。」太后說：「我辦不到。」

這時她不高興的臉色稍爲和緩了一些。左師繼續說：「我的不肖子舒祺，排行最末，也最不長進，而我一天天地衰老，

我從前食慾也很差，後來努力走路，一天走個三、四里，慢慢食慾變好，身體也健康多了。

我辦不到。

我的不肖子舒祺排行最末，也最不長進，但我最寵愛他。我希望太后能恩准他補黑衣侍衛。

可以啊！他幾歲了？

私下特別憐愛他。希望他能補黑衣侍衛的缺額，以保衛王宮。老臣冒著死罪向太后請求。」太后說：「可以啊！他幾歲了？」左師回答：「已經十五歲了。雖然年紀還小，但是我希望在沒死之前先託付好。」太后說：「男人也會特別疼愛小兒子嗎？」左師回答：「比女人還嚴重哩！」（進入主題）

太后笑著說：「我看還是女人比較疼愛小兒子吧！」左師說：「我認為太后您疼愛燕后（太后的女兒）要超過長安君。」太后說：「你錯啦，我疼愛燕后還不及寵愛長安君。」左師說：「父母愛護子女，都會替子女做長遠的計畫。當太后您送燕后出嫁，抓著她的手，一直流眼淚，想到她馬上要遠行，心中哀傷難忍。已經出嫁了，並非不思念她，可是祭祀時總是禱告說：『一定不可讓她被送回國。』難道不是為了長久之計，希望她的子孫世世代代相繼為王嗎？」太后說：「是呀！」左師接著問：「從現在算起到三代之前，趙王的子孫被封為侯，他的子孫現在還有繼續為侯的嗎？」太后回答：「沒有。」左師問：「不單是趙國沒有，其他的諸侯有這種情形嗎？」太后說：「我也沒聽說過。」左師說：「這就是封侯之罪，近者發

父母疼愛子女，都會為子女做長遠的計畫。太后嫁燕后時，雖然捨不得，卻說不希望她再回娘家，不就是希望她的子孫代代為王嗎？

是啊。

從現在算起到三代之前，趙王的子孫被封為侯的，他的子孫仍有繼續為侯的嗎？其他的諸侯有沒有？

原來如此，就聽你的安排吧！

於是太后便答應送長安君到齊國當人質。

生在自己身上，遠者禍及子孫。難道說人主之子，封了侯就不好嗎？其實是因為封侯以後，處於尊貴的地位卻不易建功，俸祿優厚卻沒有功勞，而且還要多方搜刮重器寶物的關係。現在太后您要確保長安君的地位，與其封他肥沃的土地和寶貴的財物，還不如讓他現在對國家有功勞。否則一旦您去世了，長安君要靠什麼在趙國自立？我認為太后您為長安君做的打算過於短淺了，所以說您愛他不及愛燕后。」太后說：「好吧！全部聽你的安排。」於是替長安君準備車輛，讓他到齊國當人質。

好觀念 8-3

● 我的建議在何種情形下會被注意？你的建議要受到注意，必須能對對方的壓力結構有重大的影響，此時便要仔細研究對方的壓力結構、習慣領域。

● 我的建議在何種情形下會被接受？要被接受，須能降低對方壓力結構至最低點，或能解除對方壓力，引起習慣領域的共鳴或擴張。

③ 大家都贏的買賣談判

小故事 8-4

討價還價的樂趣

　　有一間房子的賣主開價五百萬元，一位買主來了，還價四百萬元，賣主說：「不行，至少得四百八十萬。」最後雙方以四百五十萬元成交，皆大歡喜。

　　假如買主不還價，以五百萬元買下這棟房子，五百萬元雖然比四百五十萬元多，但賣主搞不好會以為自己價格訂得太低，以致對方連價都不殺就買了下來，因此快快不樂。

　　而假如買主說四百萬時，賣主一口答應，買主又會覺得是不是自己出的價錢太高，否則賣主為什麼不還價呢？

　　買賣談判時，雙方透過議價了解對方立場，能認定自己可能達到最好的情況是什麼。在可能的情況下，不管買方或賣方，不宜向對方讓步太快太多，否則你將失去談判的樂趣。

這棟房子至少賣５００萬。

太貴了，400萬啦！

不行，480萬。

我只能出到420萬。

460萬！

440萬！！

450萬。

成交。

好觀念 8-4

買賣和談判一樣，什麼都可以談，包括規則、期限。談判的技巧有以下三點應注意：

（一）若有時間，不要做太多或太快的讓步；

（二）買者之議價由下而上，賣者的議價由上而下；

（三）注意我們的習慣領域，不要使談判流於感情用事。

重要的買賣談判，依下列步驟可想得更週到：

（一）了解情況；

（二）心想贏贏，擬定理想的成果；

（三）計劃並做應有的心理準備，包括擴展應有的能力集；

（四）執行。

UP 0113

你被壓力壓扁了嗎？——習慣領域助你排憂解難

作　者──游伯龍
繪　者──楊正全
主編──周翠如
編輯──鄧純芳
董事長
發行人──孫思照
總經理──莫昭平
總編輯──林馨琴
出版者──時報文化出版企業股份有限公司
10803台北市和平西路三段二四〇號三樓
發行專線──(〇二)二三〇六─六八四二
讀者服務專線──〇八〇〇─二三一─七〇五・(〇二)二三〇四─七一〇三
讀者服務傳真──(〇二)二三〇四─六八五八
郵撥──一九三四四七二四 時報文化出版公司
信箱──台北郵政七九～九九信箱
時報悅讀網──http://www.readingtimes.com.tw
電子郵件信箱──big@readingtimes.com.tw
印刷──凌晨印刷事業股份有限公司
初版一刷──二〇〇二年七月十日
初版六刷──二〇一一年十一月十八日
定價──新台幣二三〇元
◎行政院新聞局局版北市業字第八十號
版權所有　翻印必究
（缺頁或破損的書，請寄回更換）

國家圖書館出版品預行編目資料

你被壓力壓扁了嗎？─習慣領域助你排憂解難／
游伯龍著；楊正全繪 -- 初版.
-- 臺北市：時報文化, 2002〔民91〕
面；　公分. -- （Up；0113）

ISBN 957-13-3677-7（平裝）

1. 習慣心理學　2. 成功法

176.74　　　　　　　　　　91009213

ISBN 957-13-3677-7
Printed in Taiwan